· 中南财经政法大学基本科研业务费青年教师创新项目“中国共产党的革命成功经验对国外共产党的影响”（项目编号：31511911806/118）资助
· 中南财经政法大学基本科研项目“以绿色发展赋能新质生产力跃升的理论内涵与实践向度研究”（项目编号：2722024DD008）资助

转轨经济形态的国际比较研究

International Comparative Study on Transition Economic Form

何　萍◎著

中国经济出版社
CHINA ECONOMIC PUBLISHING HOUSE
北　京

图书在版编目（CIP）数据

转轨经济形态的国际比较研究 / 何萍著. -- 北京：
中国经济出版社，2025.1. -- ISBN 978-7-5136-8045-5

Ⅰ. F113.1

中国国家版本馆 CIP 数据核字第 2024983VF9 号

责任编辑　贺　静　张利影
责任印制　马小宾
封面设计　华子图文

出版发行　中国经济出版社
印 刷 者　北京建宏印刷有限公司
经 销 者　各地新华书店
开　　本　710mm×1000mm　1/16
印　　张　14.25
字　　数　200 千字
版　　次　2025 年 1 月第 1 版
印　　次　2025 年 1 月第 1 次
定　　价　90.00 元
广告经营许可证　京西工商广字第 8179 号

中国经济出版社　**网址** http://epc.sinopec.com/epc/　**社址** 北京市东城区安定门外大街 58 号　**邮编** 100011
本版图书如存在印装质量问题，请与本社销售中心联系调换（联系电话：010-57512564）

前言

随着20世纪80年代全球经济格局深刻变革，各国开始审视并调整自身的经济体制，以适应新的国际经济环境。在这一过程中，从计划经济向市场经济的转轨成为许多国家面临的共同课题。这一转轨不仅是对经济体制的根本性变革，也对社会和文化等多个层面产生了深刻影响。

在转型的浪潮中，各国基于自身的国情、历史背景和发展需要，采取了多样化的转轨策略和路径。一部分国家选择了快速且较为激进的转轨方式，通过大规模的体制改革和市场化改革，迅速告别计划经济体制，创建了本国的市场经济体系。这些国家通过引入市场机制、放开价格管制、推进国有企业改革等措施，实现了经济的快速增长和繁荣。另一部分国家采取了更为审慎和渐进的转轨方式，它们注重转轨过程的稳健性和连续性，通过放宽管制、引入市场机制、推进市场化改革等措施，逐步实现了从计划经济到市场经济的转轨。这些国家在转型过程中，充分考虑了社会稳定、经济发展、文化传承等多个方面的因素，力求在保障社会稳定的同时，实现经济的可持续发展。这两种截然不同的转轨策略，不仅体现了各国在转轨过程中的思维差异和价值取向，也形成了各具特色的转轨经济形态。快速转轨的国家往往能在短期内实现经济的快速增长和繁荣，但面临着社会不稳定等问题；而渐进转轨的国家则能保障社会稳定，同时，实现经济的可持续发展，但面临着转轨过程漫长、改革阻力大等挑战。

俄罗斯和越南作为这一转轨时期的典型国家，其经济转轨的历程和经验教训具有重要的研究价值。两国在转型过程中，都经历了从计划经济到市场经济的深刻变革，但具体的转型路径和成效各具特色。俄罗斯在转轨初期采取了激进的改革策略，迅速推进了市场化改革和国有企业改革，但面临着社会不稳定、经济下滑等问题。越南则采取了渐进式的转轨策略，逐步放宽管制、引入市场机制，同时注重保障社会稳定和经济发展，实现了经济的稳步增长。

本书旨在通过深入比较研究，分析俄罗斯和越南在经济转轨过程中的异同点，以及这些异同点背后的深层次原因。从两国的基本国情出发，分析它们在经济转轨过程中的阶段性特点；从国有企业改革、价格机制调整等关键领域入手，比较两国在转型策略、实施效果等方面的异同；结合两国整体社会经济发展状况，对它们的转轨经济形态进行全面评估。

通过对俄罗斯和越南转轨经济形态的比较研究，期望能够为其他国家的经济转轨提供有益的参考和启示，同时进一步加深对经济转轨复杂性和多样性的理解。

目录

导 论

一、选题的缘由

（一）转轨经济形态是透视经济转轨国家进程的关键维度

在深入剖析经济转轨国家的演变脉络时，转轨经济形态成为一个至关重要的透视窗口。自20世纪七八十年代以来，计划经济体制国家纷纷踏上了经济转轨的征途，然而，至今尚未有国家能够全面完成经济转轨。这一长期且复杂的历程，凸显了转轨经济形态在其中的核心地位。转轨经济形态是经济转轨国家特有的经济现象，其诞生与经济转轨的启动同步，并随着转轨的深入不断演变。这一经济形态的独特性在于，它既非典型的计划经济，也非成熟的市场经济，而是处于这两者之间的过渡状态，呈现出一种动态、发展的轨迹。这种过渡性具体体现在从计划经济的逐步退出到市场经济的逐步引入和完善，是一个不断调整、不断适应的过程。转轨经济形态的形成与发展，受到生产力与生产关系、经济基础与上层建筑矛盾运动的深刻影响。这些矛盾是推动经济形态变迁的根本动力，也是理解转轨经济形态形成与发展的关键所在。因此，深入研究转轨经济形态，不仅有助于我们更准确地把握经济转轨国家的经济转轨进程，还能为我们提供解决类似问题的新视角和新方法。

以俄罗斯为例，其“休克疗法”试图通过激进的改革迅速实现经济转轨，但效果并不显著，反而使国家陷入了经济衰退的困境。这一案例促使我们深刻反思转轨经济形态及其影响因素。与此相对照的是，越南等国家通过渐进式的经济转轨策略，逐步放宽限制、引入市场机制、加强法治建设，取得了相对较好的经济成效。这些案例为其他国家的经济转轨提供了宝贵的经验和启示。因此，转轨经济形态不仅是透视经济转轨国家经济转轨进程的关键维度，也是我们理解经济转轨国家经济现象、制定经济政策的重要依据。深入研究转轨经济形态，对于推动经济转轨国家的可持续发展、促进全球经济平衡与稳定具有深远意义。

在未来的研究中，我们将进一步挖掘转轨经济形态的形成机制、演变规律及其对经济转轨国家的影响等核心问题。通过深入剖析这些问题，以期能够更全面地揭示转轨经济形态的本质和特征，为经济转轨国家提供有益的借鉴和启示。同时，这有助于我们在实践探索中深化对马克思主义经济理论的理解，为理论的创新与发展贡献绵薄之力。

（二）转轨经济形态是透视当今社会主义国家及发展中国家发展状况的重要窗口

在当今全球经济格局的演变中，经济转轨国家的实践主体主要来自社会主义阵营国家。事实上，自 20 世纪 50 年代起，社会主义阵营国家便开始了针对消除计划经济体制弊端的系列变革尝试。这种变革尝试后来逐渐演变为向市场经济转轨。70 年代以来，社会主义阵营国家先后开启了从计划经济向市场经济转轨的历史进程，并逐渐走出了一条具有本国特色的经济转轨之路，进而形成了属于自己的转轨经济形态。其中，有的国家是经济转轨伴随着政治转轨，如苏东地区国家；有的国家则以巩固和发展社会主义制度为基本出发点，积极推进本国的经济转轨，如越南等国家。

众所周知，这些原社会主义阵营国家大部分是在经济文化比较落后的状况下取得社会主义革命成功的。这些国家在进入社会主义阶段后，尽管计划经济体制曾为它们的经济发展做出过贡献，在一定程度上改变了贫穷落后的面貌，但是不得不承认原社会主义阵营国家中除苏联外，基本上都位于发展中国家行列。苏东剧变后，苏联分裂为15个国家。俄罗斯作为苏联最大的继承国，因国内各种危机叠加而进入发展中国家行列。现如今的5个社会主义国家，尽管经济发展势头较好、速度较快，但因历史上长期受到帝国主义的入侵，饱受战乱和被掠夺之苦，仍然处于发展中国家行列。因此，除民主德国因两德统一进入发达国家行列外，其余原社会主义阵营国家仍处于发展中国家行列。因此，对原社会主义阵营国家的转轨经济形态进行比较研究，可以在一定意义上反映当今社会主义国家甚至发展中国家的发展状况。

（三）比较俄罗斯和越南转轨经济形态，为其他经济转轨国家提供借鉴

苏东剧变后，中国、越南、朝鲜、古巴、老挝5个国家顶住了各方压力和挑战，坚持社会主义制度，积极通过改革巩固和发展本国经济。特别是，中国特色社会主义的发展，已经成功推动国际共产主义运动进入新阶段。改革开放40余年来，中国的社会主义市场经济从无到有，并日趋发展壮大，但仍面临一系列挑战，需要继续探索，不断丰富和完善。对其他国家转轨经济形态进行比较研究，总结其经验教训，可以为中国等处于经济转轨进程中的国家提供借鉴。在众多经济转轨国家中，俄罗斯和越南均是中国的邻国，也是中国重要的经济合作伙伴，又与中国开启经济转轨的时间相近。因此，选取俄罗斯和越南转轨经济形态进行比较研究与考察，对于中国深入探索社会主义市场经济更具参考价值。

首先，虽然俄罗斯和中国市场经济建设的目标取向有着原则性的区别，俄罗斯以建立资本主义市场经济为目标，而中国以建设社会主义市场经济为目标，但两国经济转轨的起点是一致的，经济转轨的任务是相似的，即废除传统的计划经济管理体制，建立市场经济体制。与此同时，俄罗斯走的是激进式经济转轨道路，并意图在短时间内通过自由

化、市场化、稳定化迅速实现向市场经济的转轨；而中国则选择了稳妥的渐进式转轨道路。因此，在经济转轨速度上，俄罗斯远快于中国，从而使俄罗斯宏观经济体制改革先于中国进行。中国可以从俄罗斯宏观经济体制改革中吸取经验教训，少走弯路。

其次，尽管叶利钦时代的俄罗斯经济几近崩溃的边缘，但是从2000年开始，俄罗斯经济逐渐走出危机，并表现出了强劲的增长势头。截至2008年底，俄罗斯国内生产总值（GDP）已经达到22710亿美元，位居世界第七。虽然这与苏联时代的第二大经济强国位置相比，尚存差距，但是俄罗斯仍不失为一个世界经济强国。同时，“休克疗法”迅速摧毁了俄罗斯传统的计划经济体制，因而，在未来经济转轨道路上，俄罗斯遇到的来自体制上的障碍要比中国小得多。“阵痛”后苏醒的俄罗斯是否会一跃而起，我们尚不得而知。但有一点值得肯定，在经济转轨具体探索的进程中，中俄两国之间更多的将会是相互借鉴经验。

最后，越南经济转轨的初始条件与中国相近，虽起步晚于中国，但发展很快，且深受中国改革开放的影响。经过几十年的革新开放，越南社会主义定向的市场经济日渐清晰并焕发活力，却也不断面临新的挑战。作为小体量的社会主义国家，越南转轨经济形态的演变更像一面“镜子”，为其他社会主义国家的经济转轨提供了借鉴。

总而言之，从计划经济向市场经济转轨是一个历史进程，由此产生的转轨经济形态也是不断变化发展的。俄罗斯和越南是经济转轨国家中比较有代表性的两个国家，深入研究两国的经济转轨进程及转轨经济形态、总结其经验和教训，有助于我们更好地发现从计划经济到市场经济转轨的规律，同时为其他经济转轨国家提供有益的借鉴。

二、研究现状

自20世纪七八十年代开始，苏联及在其不同程度帮助和影响下建立起来的社会主义国家先后放弃了传统的计划经济体制，转而建设市场经济体制，开启了由计划经济向市场经济转轨的进程。经过几十年的艰辛探索，这些国家大多形成了各具特色的转轨经济形态。学术界关于创建一门转轨经济学的呼声也日益高涨。学者纷纷从各自选取的视角出发，将转轨经济学作为一门学科进行研究，如张军的《中国过渡经济导论》(1996)，俄罗斯学者布兹加林、拉达耶夫合著的《俄罗斯过渡时期经济学》(1999)，比利时学者热若尔·罗兰的《转型与经济学》(2002)，毛增余的《斯蒂格利茨与转轨经济学》(2005)，陈宗胜的《双重过渡经济学》(2005)，吕炜的《经济转轨理论大纲》(2006)，等等。综观学术界对转轨经济学的研究，学者倾注了大量的精力，致力于经济转轨的理论、转轨的路径、转轨的模式、转轨的绩效评估，以及不同国家经济转轨的比较等方面的研究。具体来说，主要包括以下几个方面。

(一) 关于中国转轨经济的研究

中国经济转轨取得的成绩举世瞩目，国内外学者从多个角度对中国的转轨经济进行了研究，总结起来，主要包括以下几个方面：

(1) 关于中国转轨经济的理论研究。如若晨的文章《经济工作者要注意研究"转轨经济学"——全国政协委员、经济学家戴园晨访谈录》(1997)、黄范章的文章《中国经济"转轨"的基本特征、关键及难点》(2002)、王曙光的文章《转轨经济的路径选择：渐进式变迁与激进主义》(2002)、许宏俊的文章《转轨经济的一个视角："细分—重构"论》(2003) 等。此外，吕炜所著的《经济转轨理论大纲》(2006) 以中国经济转轨的整个进程为研究对象，研究了转轨实践的共性和个性特征，并提出了"经济转轨过程观"。颜鹏飞所著的《中国社会经济形态大变革：基于马克思和恩格斯的新发展观》(2009) 以马克思和恩格斯的新发展观为视角，解读了中国经济转轨进程中的社会经济形态变革。

（2）关于中国转轨经济的实证分析。从20世纪90年代开始，学者的研究紧跟中国经济转轨实践，主要从金融领域改革、政府职能转变、公司结构治理、国有企业改革、银行业改革、资本外逃，以及对中国转轨经济的整体把握等视角出发，对中国的转轨经济进行了解读。如肖梦的文章《转轨经济中的中国金融改革——楼继伟、吴晓灵、谢平新春对谈》（1995）、巴曙松的文章《转轨经济中的非均衡区域金融格局与中国金融运行》（1998）、卢映西与谢正勤合著的文章《转轨经济中的金融自由化：次序与路径选择》、伍戈的博士学位论文《转轨经济中的商业银行特征与货币政策效率》（2004）、汪承亮的博士学位论文《转轨经济中地方政府角色定位及其演变机制研究》（2005）、唐跃军的文章《论转轨经济中的内部人控制与道德风险》（2002）等。此外，中国的转轨经济也吸引着国外学者的目光。如青木昌彦与张春霖合著的文章《对内部人控制的控制：转轨经济中公司治理的若干问题》（1996）、约瑟夫·斯蒂格利茨与朱蕾合著的文章《转轨经济中公司治理结构的失败》（2000）。

（3）关于中国与其他国家转轨经济的比较研究。一般情况下，中国学者在对国外转轨经济进行研究时，都或明或暗地以中国转轨实践作为对比标准，而被用来与中国转轨经济进行比较性研究的则主要是俄罗斯、越南等国家。比如，李新的著作《向市场经济过渡：俄罗斯与中国》（2001）、皮军的著作《中越经济体制改革比较研究》（2002）、景维民和孙景宇等合著的《经济转型的阶段性演进与评估》（2008）、李若谷的著作《世界经济发展模式比较》（2009）、保建云的文章《经济转型时期中国与越南经济增长比较分析》（2007）、郭连成的文章《经济全球化与转轨经济发展的关联性分析——对转轨国家经济的一个新的分析视角》（2007）等。

（二）关于俄罗斯转轨经济的研究

俄罗斯和中国各为世界格局中的一极，两国转轨经济的发展一直备受注目，尤其是两个国家在选择经济转轨路径、模式等方面存在巨大差异，很多学者喜欢将两国的转轨经济进行多角度的比较。普京执政后，对俄罗斯经济转轨进行了调整，俄罗斯一度实现了经济增长，因此，关于俄罗斯转轨经济的专项研究多了起来。主要包括以下几个方面：

（1）关于俄罗斯推动经济转轨进程的缘由探究。国内外学者从多个视角出发对俄罗斯政府推动经济转轨的原因进行了阐释。如匈牙利亚诺什·科尔内的著作《短缺经济学》（1986），俄罗斯阿纳托利·丘拜斯的著作《俄罗斯式的私有化》（2004）、别洛瓦的文章《国家的宏观经济分析》（1993），中国张康琴的文章《“休克疗法”与俄罗斯经济改革——评萨克斯教授的辩解》（1995）、徐坡岭的著作《俄罗斯经济转型轨迹研究——论俄罗斯经济转型的经济政治过程》（2002）、胡键的文章《俄罗斯转轨的制度经济学分析》（2004）等，学者纷纷从苏联体制失败、戈尔巴乔夫改革失败、剧变之初的俄罗斯制度不健全、应对政治经济危机等方面对俄罗斯政府推动经济转轨的主客观原因进行了阐释。

（2）关于俄罗斯选择激进式改革道路的研究。如俄罗斯乌留卡耶夫的著作《期待危机——俄罗斯经济改革的进程与矛盾》（2000）、俄罗斯罗伊·麦德维杰夫的著作《俄罗斯往何处去——俄罗斯能搞资本主义吗?》（2000）、中国汪宁的著作《俄罗斯私有化评说》（2001）等。这些学者从主客观因素的角度对俄罗斯选择激进式改革道路的原因进行了分析。

（3）关于俄罗斯实施经济转轨环境的研究。学者主要从指导理论、初始条件、具体政策等方面对俄罗斯经济转轨的大环境进行了研究。如中国许新的文章《俄罗斯经济转轨评析》（2000）、关雪凌的文章《制度变迁中的俄罗斯经济转轨战略——理想化和现实性的冲突与调整》（2000）、刘文革的著作《强制性制度变迁——“俄罗斯转轨之谜”的经济学解释》（2003）；俄罗斯梅德维杰夫的著作《俄罗斯经济安全问题》（1999），布兹加林、拉达耶夫合著的《俄罗斯过渡时期经济学》（1999），格里戈里的博士学位论文《俄罗斯的社会经济系统及现代化问题》（2005），安德里安诺夫的著作《市场经济自我调节理论：可持续发展新构想》（2009）等。

值得指出的是，互联网上关于俄罗斯学者对本国转轨经济研究的相关文章也比比皆是。这些文章涉及的主要内容包括：转轨经济的实质、俄罗斯转轨时期的经济、俄罗斯的市场经济、转轨经济的条件、俄罗斯的经济政策、国家在转轨经济中的作用、俄罗斯过渡经济的特征、转轨经济的理论和内容等。

（三）关于越南转轨经济的研究

（1）关于越南经济转轨的评价性研究。自 1986 年越南实行新一轮经济改革以来，经过数十年的革新实践，越南的经济发展取得了较好的成效，许多学者以此为切入点对越南经济转轨进行了整体或专项研究。如贺圣达与齐欢合著的文章《对革新开放以来越南经济现代化水平的评价》（2007）、陈江生与毛惠青合著的文章《越南经济的革新及发展前景》（2007）、曹丽的文章《越南经济现状及发展趋势》（2004）、何展的硕士学位论文《越南革新开放的经验及其启示》（2007）、李叶的硕士学位论文《越南的革新开放之路》（2008）、杜氏秋恒的博士学位论文《越南国有企业产权改革研究》（2008）等。

（2）关于越南经济革新理论的研究。越南经济革新的目标是建立社会主义定向的市场经济，因此，关于社会主义定向的市场经济理论也格外吸引学者的注意力。如清明的文章《越南：定向社会主义的市场经济》（1995）、许宝友的文章《论越南的社会经济转型》（1997）、孔耕藇的文章《越南、老挝发展“国家资本主义”经济的理论与实践》(1998)、聂槟的文章《浅析越南的经济改革》(2000)、梅胡蒂与张强合著的文章《越南社会主义市场经济的特征》(2001)、于向东的文章《越南“社会主义方向市场经济”理论的确立》(2002)、王德林的硕士学位论文《越南经济革新的发展：建设社会主义方向的市场经济》(2002)、陈明凡的文章《越南的社会主义定向市场经济——中越社会主义市场经济理论比较》(2005)等。

(3) 对越南转轨经济中各种因素的研究。如崔桂田的文章《越南在经济转型中处理社会矛盾的举措》(2009)、潘再见的文章《越南经济转型的阶段性特征分析：基于金融视角》(2009)、米尔扎·H. A. 与纪何合著的文章《外国直接投资对越南经济发展的影响》(2005)、贺力平的文章《外资流入中的国内因素与国外因素——评外国直接投资与经济发展：越南案例》(2005)、陈文的文章《越南经济发展中的环境问题》(2003)、许梅的文章《浅析外国直接投资在越南经济发展中的作用》(2002)等。由此可见。学者力图从自己的视角出发解析越南转轨经济的发展。值得指出的是，2007 年，莫斯科国立大学东南亚现代问题研究中心出版了一部著作《越南过渡时期的革新（1986—2006年)》，该书在大量越南文献基础上对越南革新的方向、进程、成果进行了比较详尽的阐述，是一部难得的关于越南革新的著作。

综上所述，我们不难发现一些事实。第一，对转轨经济的一般性理论探讨较多，其中不乏浓厚民族特色的转轨经济理论，如中国和俄罗斯。第二，关注经济转轨国家各项经济变革措施的研究较多。第三，经济转轨国家之间的比较性研究居多。学者通常选取中国、俄罗斯、越南等国家作为比较对象，以转轨的路径、模式以及某一领域的改革作为比较点。可以看出，学者力图全方位解读经济转轨国家，但也存在研究的薄弱环节。比如，关于经济转轨模式的研究居多，但将经济转轨作为一个渐进性进程的研究比较薄弱，尤其针对经济转轨国家介于计划经济形态和市场经济形态之间的转轨经济形态的专项研究更是少见。此外，关于转轨经济国际比较类研究，中国学者的研究重点集中于中国与其他转轨经济国家的比较研究，其中，以中俄、中越比较性研究居多，而对其他转轨经济体间的比较性研究较少。为更全面地向世人展现经济转轨国家及其转轨经济形态、扩展国内转轨经济研究的范围，本书试图在学习和借鉴前人研究成果的基础上，对俄罗斯和越南的转轨经济形态进行比较研究，以期为国内的转轨经济研究贡献绵薄之力。

三、研究方法

研究方法取决于研究的内容及其所要达到的目的。本书以俄罗斯和越南转轨经济的比较为研究视角，比较的内容主要包括两个方面：第一，对俄罗斯和越南各自的经济转轨进程进行比较；第二，对俄罗斯和越南宏观经济体制变革的初始条件、路径、方法、绩效进行比较。通过比较，本书试图达到两个目的：第一，展现俄罗斯和越南转轨经济形态演变的轨迹；第二，寻找计划经济向市场经济转轨进程中的规律性，及其对中国转轨经济演进的有益启示。为此，本书采取的研究方法主要包括以下几种。

（一）理论抽象法

由计划经济向市场经济转变，再由市场经济的初级阶段向高级阶段转变，这是一个由量的积累到质的飞跃的阶段，也是后一阶段对前一阶段发展成果不断继承和创新的阶段。正是有了前一阶段转轨经济发展量的积累，才会有计划经济向市场经济转变的实现，才会有市场经济不断走向成熟的希望。本书试图通过对俄罗斯和越南转轨经济形态演进轨迹的比较分析，总结出转轨经济形态演进中的规律性，并以此为其他经济转轨国家的转轨经济演进提供有益的借鉴。

（二）历史分析法

俄罗斯“休克疗法”的失败，证明了计划经济向市场经济转轨是一个渐进的过程。在这个渐进的过程中，经济转轨国家的经济形态既不是完全的计划经济，也不是完全的市场经济，而是介于计划经济和市场经济之间的特殊经济形态，其演变路径为计划经济→计划因素多一些，市场因素少一些→计划因素少一些，市场因素多一些→市场经济。鉴于转轨经济形态的特殊性，为全面展现俄罗斯和越南转轨经济形态演变的轨迹，并从中寻找规律性，本书依照历史发展的顺序对俄罗斯和越南 20 多年经济转轨的进程进行分析与阐述，试图通过不同经济转轨阶段的递进性展现两国转轨经济的发展轨迹。本书将俄罗斯的经济转轨进程主要划分为四个阶段，即戈尔巴乔夫时代、叶利钦时代、普京时代、“梅普组合”时代，将越南经济转轨的进程也划分为四个阶段，即经济革新的探索（1979—1986 年）、经济革新的突破（1986—1991 年）、经济革新的深化（1991—2001 年）、经济革新的新阶段（2001—2010 年）。

（三）实证分析法

实证分析法是本书重要的研究方法，主要由本书选取的研究视角决定。本书除第一章，其余章节均采用了实证分析法。从俄罗斯和越南经济转轨的初始条件，到两个国家经济转轨的历史进程，再到两个国家具体的宏观经济体制改革，本书采用了大量事实论据，尤其是引用了大量数据，试图对俄罗斯和越南转轨经济形态的演变轨迹进行全面的阐述和论证。

（四）比较分析法

比较分析法是本书重要的研究方法。从俄罗斯和越南经济转轨进程的纵向比较，到俄罗斯和越南经济转轨的横向比较；从俄罗斯和越南经济转轨前的政治体制与国情背景比较，到俄罗斯和越南宏观经济体制改革比较；从宏观经济体制改革的背景、方法、内容比较，到宏观经济体制改革的绩效、存在的问题、发展的前景比较。总之，比较分析法占用了本书绝大部分笔墨。

四、研究的重点、难点及创新点

（一）重点与难点

本书的重点体现在以下两方面：

第一，对俄罗斯和越南经济转轨的背景，即初始条件进行比较分析，这部分的内容主要集中在本书的第三章，是本书选题得以成立的基础。在第三章中，首先，本书选取俄罗斯和越南经济转轨前的政治经济体制作为考察对象，通过分析比较，本书认为，一方面，作为由计划经济向市场经济转轨的国家，俄罗斯和越南在经济转轨前都经历了较长时间的计划经济发展历程，都形成了高度集中的计划经济体制，也都是因为传统的计划经济体制走到尽头，阻碍生产力发展，才开始探索向市场经济转轨的道路；另一方面，尽管俄罗斯和越南在经济转轨前实行的都是计划经济体制，但是由于它们计划经济体制的植入方式不同，发展程度不同，变革计划经济体制的难易程度也有所差异。其次，本书选取俄罗斯和越南经济转轨前的国情作为考察对象，通过对综合国力、经济结构、地区经济发展、所有制结构、经济增长方式，以及政治经济体制进行比较，认为经济转轨前的俄罗斯和越南在政治体制上有着惊人的相似之处，但是受到人文地理条件和历史因素的制约，两国由计划经济迈向市场经济的转轨之路又表现出了差异性。总之，用相似中蕴含着差异、差异中隐含着相似来形容俄罗斯和越南经济转轨前国情背景之间的关系较为合适。

第二，本书对俄罗斯和越南具体的宏观经济体制改革进行了比较分析。这部分内容主要集中在第四章、第五章。本书主要选取国有企业改革、价格改革两个方面作为考察对象，对俄罗斯和越南的宏观经济体制改革进行比较分析。同时，在具体的改革领域中，本书从改革的背景、方法、内容、绩效、存在的问题、发展的前景出发，力图展现俄罗斯和越南宏观经济体制改革的面貌，也试图通过两国在具体宏观经济体制改革领域的对比和分析，得出转轨经济发展的规律性，从而为中国的转轨经济提供有益的借鉴和启示。

本书的难点：俄罗斯和越南具体宏观经济体制改革的比较分析。之所以说它是本书的难点，主要基于两个方面的原因：第一，比较点众多，不容易把握。本书选取了国有企业改革、价格改革、市场化发展阶段三个领域，分别从改革的背景、方法、内容、绩效、存在的问题、发展的前景出发，试图对俄罗斯和越南宏观经济体制改革进行比较分析。第二，收集资料难。国内关于越南宏观经济体制改革的第一手资料不多，且第一手资料大多是集中介绍20世纪90年代以前越南的经济体制改革。为此，本书在写作过程中，除了转引中国和越南问题研究的相关著作与文章中的越南文献外，还参考了俄罗斯科学院远东研究所学者的相关论著。

（二）创新点

本书的创新点主要在于选取了俄罗斯和越南转轨经济形态比较研究这个题目进行研究。在中国知网上查得的文献中，仅有王金存的《越南与俄罗斯国有企业改革比较》（《世界经济》1997年第3期）和崔亚平的《越南与俄罗斯国家经济政策对比》（《党政干部学刊》2000年第8期），以及郭哲的《论政府对经济的理性干预——基于俄罗斯和越南经济改革的思考》（《中南财经政法大学学报》2009年第1期）对越南与俄罗斯的转轨经济做了有针对性的比较和分析，但失之单薄；而本书是对俄罗斯和越南转轨经济形态的比较研究，较为系统全面，在一定程度上弥补了该领域研究的不足。

第一章

基本概念

正如建筑师在构建大厦之前必须精确绘制蓝图，我们在开展俄罗斯和越南转轨经济形态比较研究之前，也需要清晰界定一些核心概念。这不仅仅是因为基本概念构成了学术研究的逻辑起点，其更是研究深度、广度和准确性的重要保障。我们只有厘清了相关核心概念的内涵，才能更精准地开展研究，为此，本章将着重阐述转轨经济及其相关概念。

第一节　转轨经济形态的界定

在深入剖析俄罗斯与越南转轨经济形态之前，我们的首要任务是明确转轨经济形态这一概念。首先，我们将探讨经济转轨与转轨经济之间的内在联系，并澄清“转轨”“转型”“改革”等术语在学术领域的细微差别和争议。在此基础上，我们将界定本书对经济转轨研究的范围与边界。其次，我们将详细阐述转轨经济形态的核心含义和独特性，旨在为后续的深入研究提供坚实的理论基础。最后，我们将介绍转轨经济的研究方法和理论研究范式，以确保本书的系统性和严谨性，为全面理解俄罗斯和越南的转轨经济形态提供有力的分析工具。

一、经济转轨与转轨经济的关系

（一）有关“转轨”“转型”“改革”的争议

20 世纪七八十年代以来，众多社会主义国家纷纷通过各种方式走上了由计划经济体制向市场经济体制转变的道路，也就是从那个时候起，“经济转轨”“经济转型”“转轨经济”等用来描述这一进程的新名词便不绝于耳。而追根溯源，“‘经济转型’是苏联政治家和理论家布哈林最早使用的概念”①。

一般而言，我们现在谈论的“经济转轨”，主要是用来描述一国由传统计划经济模式向市场经济模式转变的进程。然而，关于这一进程的描述，国内外学术界还存在其他说法，如“经济转型”“经济改革”等。同一现象却有不同的表述，到底三者在此是同义还是有所区别呢？关于此问题的回答，目前主要存在以下几种说法：第一，吴敬琏先生认为，在中国范围内，“改革”和“转轨”这两个概念是基本一致的。这可以从其出版的书籍中得到印证，如2001年出版的《改革：我们正在过大关》、2002年出版的《转轨中国》、2004年出版的《当代中国经济改革》等。他时而用“改革”描述中国由计划经济向市场经济转变这一进程，时而用“转轨”来描述这一进程②。第二，在比利时学者热若尔·罗兰看来，“转轨”“改革”“转型”这三个基本概念在描述由计划经济向市场经济转变的进程中基本是一致的。如他在《转型与经济学》一书中提到，“自1989年秋柏林墙倒塌以来，有相当一批经济学家一直在研究前社会主义国家从计划经济向市场经济的转型过程。这个研究领域叫作转型经济学（transition economics，以往国内更多地译为‘转轨经济学’。——编者注），有时又称改革经济学（transformation economics）。这些研究者中包括世界一流大学中一些最有名望的宏观经济学家和微观经济学家”③。第三，在剧锦文教授看来，“转轨”“转型”“改革”这三个基本概念在描述计划经济向市场经济转变这一进程

① 颜鹏飞．中国社会经济形态大变革：基于马克思和恩格斯的新发展观[M]．北京：经济科学出版社，2009：268.

② 吕炜．经济转轨理论大纲[M]．北京：商务印书馆，2006：2.

③ 罗兰．转型与经济学[M]．张帆，潘佐红，译．北京：北京大学出版社，2002：4.

中，其含义是不同的。“所谓‘转轨’，是指以前的传统模式完全被另外一个不同性质的模式所取代的社会经济性质发生变化的过程，其显著特点不仅在于大规模的市场化，而且在于压倒一切的私有化、自由民主和全面的世界经济一体化。‘改革’被认为是在不改变以前传统模式性质的前提下对其体制的某些不当之处进行的改动；‘转型’只被看作一个相对短期的更侧重于经济体制或制度迅速转变的概念。”[①] 第四，在颜鹏飞教授看来，“转型（转轨）经济学、过渡经济学往往都使用‘Transition’一个英文词。西方主流经济理论因其强调资本主义取向的政治转轨而对‘转轨’（Transition）、‘改革’（Reform）和‘转型’（Transformation）的概念进行了严格区别。我们一般不加区分，我们主要强调体制的转轨、资源配置的转轨和发展模式的转轨”。[②] 综上所述，围绕“转轨”“转型”“改革”三者的界定，国内外学者看法不同。同时，我们也发现大部分国内外学者比较倾向于三者趋同的看法。

（二）本书对经济转轨研究的限定

在本书看来，出现对部分国家由计划经济向市场经济转变这一进程的描述争议，主要在于对上述进程的描述是否会考虑到政治因素。如果考虑到政治因素，那么部分国家由计划经济向市场经济转变这一进程的确存在着差异。而这主要是因为，苏东地区国家在实现这一转变的进程中，不但实现了资源配置方式及经济运行方式由计划向市场的转变，而且在政治方面实行了大规模的所谓“自由民主化改革”，资本主义制度取代了社会主义制度。与此同时，中国、越南、老挝、古巴、朝鲜5个现存的社会主义国家则在坚持社会主义制度不动摇的前提下，不同程度地推进本国资源配置方式及经济运行方式由计划向市场的转变。如果不

① 剧锦文．世界经济大转轨中的转轨经济学[N]．经济学消息报，1997－01－30.

② 颜鹏飞．中国社会经济形态大变革：基于马克思和恩格斯的新发展观[M]．北京：经济科学出版社，2009：268.

考虑政治因素的介入，那么不难看出，部分国家由计划经济向市场经济的转变，实际上就是其资源配置方式及经济运行方式由计划向市场的转变，此时的“转轨”“转型”“改革”三个基本概念也就趋于一致了。

综上所述，在不考虑政治因素介入的前提下，所谓经济转轨，主要是特指始于20世纪50年代并持续至今的计划经济国家逐步迈向市场经济国家的转轨过程。这一转轨的核心在于经济体制的根本性变革，表现为经济运行方式从计划向市场的根本性转变。在此转变中，市场配置资源方式的充分发挥成为关键，标志着计划经济向市场经济的顺利过渡。首先，本书研究的经济转轨对象仅限于传统计划经济体制国家。即苏东地区国家及当今世界现存的5个社会主义国家，分别为中国、朝鲜、越南、老挝、古巴。拉美地区国家经济由不成熟的市场经济向成熟的市场经济转变的进程不在本书的研究之列。其次，经济转轨是一个渐进的过程。至今，世界上还没有哪一个经济转轨国家宣布建成了成熟的市场经济国家。最后，不同经济转轨国家的经济转轨程度不同。经济转轨国家受到初始条件、选择的转轨道路以及国际势力的介入等因素的影响，经济转轨的进程有所不同。如同为苏联的加盟共和国，俄罗斯经历了几十年的经济转轨，尽管经济曾一度面临崩溃，但基本建成了市场经济体系，而白俄罗斯几乎与俄罗斯同时开启经济转轨的进程，经济转轨的水平却落后许多，其在资源配置方式和经济运行方式上，计划因素仍多于市场因素。

（三）经济转轨与转轨经济的关系

经济转轨的长期性决定了经济转轨国家经济的特殊性，而这个经济的特殊性就在于，这个时期国家的经济，既脱离了传统的计划经济阶段，又没有进入成熟的市场经济发展阶段；既带有传统计划经济的残余因素，又蕴含着市场经济的新生因素。[①] 一般而言，我们将这样的经济称为“转轨经济”。“当今世界各国都在议论的转轨经济，是探讨制度演变目标的内涵、构成和功能，制度变迁和创新的类型、途径和规律，制度的需求与供给，制度的成本与收益，制度及其变迁和创新在社会经济运行和发展的地位和作用。”[②] 结合当今实际，换句话说，转轨经济就是主要探讨“前计划经济体制国家由传统的中央计划经济向现代市场经济转变进程中所出现的各种经济社会问题，研究经济体制转轨国家的特殊国情，研究经济体制转轨国家在追求一个什么模式的市场体制，研究经济体制转轨国家在新体制建设中走了一条怎样的道路，其实质就是回答经济体制转轨国家从哪来、到哪去的问题”[③]。由此我们不难看出，转轨经济更多是指一种目标性的取向。只是这一目标的实现是一个复杂而漫长的进程。如何迈向改革的目标，需要采取什么样的政策、方法、手段以及采取措施的先后次序和实施步骤[④]等难题都需要解决，而这些就属于经济转轨的任务。也正因如此，尽管前计划经济体制国家的经济转轨都以现代市场经济为目标取向，但是各国在向市场经济这一目标迈进时，由于选取的政策、方法、手段以及采取措施的先后次序和实施步骤不同，各国的转轨经济形态也不尽相同。

二、关于转轨经济形态的基本概念

（一）转轨经济形态的含义

转轨经济作为一种特殊的经济形态，学术界基于不同视角给予了多种解答。总结起来，主要有如下几种说法：第一，基于“过程论”的

① 洪银兴．中国经济转型和转型经济学[J]．经济学动态，2006(7)：26－31.

② 戴园晨．转轨经济和经济转轨[J]．改革，1998(6)：69－74.

③ 李新．转型经济研究[M]．上海：上海财经大学出版社，2007：1.

④ 戴园晨．转轨经济和经济转轨[J]．改革，1998(6)：69－74.

视角。在此视角下，转轨经济形态即处于“过程中的经济”形态，该种提法意味着将介于两种体制间的某一经济过程作为经济学研究对象的可能性。[①] 第二，基于社会演进的阶段性视角。在此视角下，转轨经济形态属于一种过渡经济形态，即当经济由社会一个历史阶段向另一个历史阶段的过渡期运行时的一种经济状态。[②] 第三，基于经济体制转轨视角。在此视角下，转轨经济形态即在经济体制转轨条件下，资源配置方式与经济运行方式处于变动过程中的经济运行状态。[③]

不难看出，前两种说法是从一般意义上阐述转轨经济形态的内涵，即转轨经济形态具有一般过渡经济形态的普遍特性，而第三种说法则较之前两种说法更具体一些。结合以上三种关于转轨经济形态的定义，本书研究的转轨经济形态，主要是指一国经济体制在由计划经济或不发达的市场经济向成熟发达的市场经济转变的漫长进程中，其资源配置方式以及经济运行方式呈现出的动态变化趋势，进而表现出来的一种特殊的经济运行形态。换句话说，转轨经济形态实际上就是一种资源配置方式及经济运行方式游离于计划经济和市场经济之间，并以成熟市场经济为趋向的具有过渡性质的经济运行形态。随着经济体制转轨进程的不断加快，转轨经济形态与计划经济形态之间的差距趋于无限大，而转轨经济形态与成熟市场经济形态的差距又趋于无限小，一旦转轨经济形态完成量的积累实现向成熟市场经济质的飞跃，它就完成了在这一社会经济发展阶段的使命。然而，社会发展总是遵循着由低一阶段向高一阶段不断演进的规律，每一次社会发展的阶段性演进，其经济运行状态都会发生相应的演进，以适应新的社会发展阶段。而每一次经济运行状态的演进

① 夏春玉，郭连成．东北财经大学2003年度科研发展报告[M]．大连：东北财经大学出版社，2004：29－30.

② 布兹加林，拉达耶夫．俄罗斯过渡时期经济学[M]．佟刚，译．北京：中国经济出版社，1999：27.

③ 吕炜．经济转轨理论大纲[M]．北京：商务印书馆，2006：9.

都是一个动态变化的进程，其演进的路径为：旧的经济运行状态→以旧的经济运行状态为主，以新的经济运行状态为辅→以旧的经济运行状态为辅，以新的经济运行状态为主→新的经济运行状态。从这个角度来看，当今时代我们研究的转轨经济形态，只不过是社会发展众多阶段性演进进程中经济运行状态发生演进的一个实例而已。

（二）转轨经济形态的特性

与传统计划经济和现代市场经济相比，转轨经济作为一种特殊经济形态，其特殊性表现在以下几个方面：第一，过渡性。与计划经济形态和市场经济形态相比，转轨经济形态不具有完整的独立性和较好的稳定性。换句话说，它不是经济运行状态演进的终极目标，而是实现终极目标的手段，从它身上更多看到的是一种过渡性。也正因如此，我们总能从转轨经济形态中，既看到计划经济的影子，又发现市场经济的因素。第二，动态性。转轨经济形态的动态性是因其过渡性而生的。在资源配置方式和经济运行方式由计划向市场过渡的过程中，计划因素和市场因素此消彼长式的发展，构筑了转轨经济形态的动态式发展曲线。也正因如此，处于不同时点上的转轨经济形态，计划因素和市场因素的力量对比都是不同的。第三，国别性。如果说过渡性和动态性阐释了转轨经济形态的共性特征的话，那么国别性更多体现了转轨经济形态个性的一面。所谓的个性主要缘于不同转轨经济体的差异。而转轨经济体之间的差异主要是各国的国情、转轨方式、实施路径等因素不同造成的。正是这些差异，导致各国的资源配置方式和经济运行方式在由计划向市场过渡的过程中会不自觉地表现出本国特色，从而为转轨经济形态打上了鲜明的国别性烙印。如当今备受瞩目的转轨经济体俄罗斯、波兰、中国、越南等国家，虽然同处于由计划向市场的转轨期，但是不仅所处的转轨经济形态发展阶段不同，而且在政府行为、国有企业改革及推动社会经济发展等方面都表现出了异同。此外，正是因为转轨经济形态具有鲜明的国别性特征，本书才会选取俄罗斯和越南进行转轨经济形态比较研究。

三、转轨经济的研究方法及理论研究范式

（一）转轨经济的研究方法

20世纪七八十年代以来，传统的计划经济向现代市场经济转变，这一原本只是个别国家的行为，逐渐变成了群体性的行为。这是因为，当今全球共有30多个国家大约1/4的全球人口加入了这一转轨队伍。经济体制转轨国家的群体性行为吸引了国内外学者对转轨经济进行研究，并逐渐形成了各自的研究方法。就目前国内外针对转轨经济研究业已形成的各种研究方法来看，至少可以分为以下几类："第一类是激进与渐进的分析方法，即用体制变革的速度来对转型进行分类和价值判断；第二类是转型的收益—成本分析法；第三类是宪政与非宪政的分析法；第四类是将预先设定转型目标作为可观察的指标对转型进行分类和判断；第五类是制度分析法，包括新制度经济学的制度分析以及比较制度分析等。"① 第六类是转轨—转型双重视角分析方法。其中，"转轨"即经济体制的转轨，"转型"则用来表示经济发展阶段的演进。该方法的出发点是"各转轨经济体在经济转轨这一特定阶段的经济运行既受到体制转轨的制约，也受到发展转型的制约，从而构成了'转轨—转型'经济的双重约束"②。

（二）转轨经济的理论研究范式

不同的研究方法，依据的理论研究范式也有所不同。西方学者对转

① 景维民，黄秋菊．转型经济学的学科定位与展望[J]．东岳论丛，2010(3)：5－9.
② 吕炜．经济转轨理论大纲[M]．北京：商务印书馆，2006：196.

轨经济的研究起步较早，因此当今流行的转轨经济理论研究范式主要源于西方流行的经济学理论。其主要包括以下几个方面：

第一，新古典理论及制度—演进学派理论范式。在这一理论基础上先后提出的“华盛顿共识”和“后华盛顿共识”，一直是当今世界比较流行的转轨经济理论研究范式。经济转轨初期盛行的“华盛顿共识”认为，只有大规模地、迅速地实现私有化、自由化、民主化，即迅速实现与西方式的游戏规则并轨，才能实现经济的长期稳定增长。也就是我们常说的“休克疗法”。然而，现实中，俄罗斯等国家实施“休克疗法”后，经济迅速下滑，乃至濒临崩溃，并没有出现预期的经济长期稳定增长。“后华盛顿共识”基于“华盛顿共识”存在的缺陷，以制度—演进学派理论为指导，对“华盛顿共识”进行了补充。该理论强调制度建设对经济转轨的重要性。

第二，比较经济学理论范式。该理论范式主要流行于20世纪90年代以前，即大规模经济转轨浪潮形成之前。其比较的主要对象一般是进行经济体制改革的国家。通过比较，分析和总结别国经济体制改革的经验及教训，为本国的经济体制改革提供智力支持。以中国为例，自1978年实施改革开放以来，一方面探索中国特色社会主义道路，另一方面非常注重学习和借鉴别国市场经济建设的经验。“从南斯拉夫的自治社会主义，到匈牙利新经济机制和戈尔巴乔夫的新思维，再到90年代东亚模式，都曾是我们比较和借鉴的对象。”①

第三，新制度经济学理论范式。新制度经济学将交易费用理论、产权理论、企业理论、制度变迁理论引入转轨经济学的研究，这对于转轨经济研究中出现的一些制度现象具有重要的参考意义。首先，新制度经济学中的交易费用理论认为，如果现存的制度已经无法实现经济效率的

---

① 景维民，黄秋菊．转型经济学的学科定位与展望[J]．东岳论丛，2010(3)：5－9.

提高，那么它必将被新的制度取代。其次，新制度经济学中的产权理论认为，产权作为一种激励与约束机制，将直接影响到资源配置的效率，进而影响到社会的经济绩效。再次，新制度经济学中的企业理论认为，市场和企业都是资源配置的一种手段，两者可以相互替代。企业和市场的边界在于，利用企业配置资源的交易成本与通过市场配置资源的交易成本相等。最后，新制度经济学中的制度变迁理论认为，制度在一个国家经济增长和社会进步方面具有决定性的作用。①

第二节　转轨经济形态的产生和演变

在深入探讨转轨经济形态的产生与演变之际，首先，我们将聚焦经济全球化对转轨经济的深远影响，揭示全球经济一体化背景下转轨经济形态的产生和演变。其次，我们将详细梳理转轨经济形态演变的轨迹，探究其从旧有体系向现代经济体系过渡的复杂路径。同时，我们将深入剖析推动这一演变的核心动力。最后，我们将对转轨及转轨模式进行深刻解读，以期呈现一个全面、立体的转轨经济形态演变图景。

一、经济全球化与转轨经济

经济全球化是当今时代不可避免的趋势和潮流，任何国家都不可避免地或主动或被动地参与这一进程。所谓的经济全球化，实际上就是各国经济融入世界体系的过程。在融入世界体系的这一过程中，有这样一类国家不可忽视——被视为转轨经济体的国家。联合国贸易和发展组织曾经将转轨经济体、发达经济体和不发达经济体列为世界三大经济体。按照世界银行对转轨的定义，实施转轨的国家即转轨经济体，主要包括

---

① 卢现祥，朱巧玲．新制度经济学[M]．北京：北京大学出版社，2007：130.

苏联、蒙古、中东欧国家、中国、越南、朝鲜、老挝、古巴等不同程度地实施计划经济体制向市场经济体制转变的国家。我们一般认为，转轨经济体实施由计划经济体制向市场经济体制转变的过程即经济转轨。转轨经济正是这些转轨经济体在经济转轨进程中产生的一种特殊的经济形态。可以说，经济转轨将转轨经济体带入了转轨经济时代。而转轨经济体不同程度地放弃传统的计划经济体制，转而向市场经济体制演进这一进程本身就是融入世界体系的进程，即参与经济全球化行动。从这个意义上说，经济全球化是转轨经济产生的不可忽视的背景。

综观当今实施经济体制转轨进程的转轨经济体，它们不同程度地放弃了传统的计划经济体制，转而建设现代市场经济体制。这实际上是前计划经济体制国家突破经济互助委员会内部贸易往来的限定，实施经济开放的一种与世界体系融合的进步，而这是经济全球化带来的结果。①二战之后，以苏联为中心的社会主义世界经济体系建成，该体系与资本主义世界经济体系基本隔离，即社会主义阵营成员国只在经济互助委员会内部进行贸易，基本上没有与资本主义国家的贸易往来。在20世纪六七十年代，传统的计划经济曾经使社会主义国家在资本主义世界遭受经济危机时做到独善其身。然而，此后由于经济全球化趋势的不可逆转，以及传统计划经济本身暴露的缺陷，传统的计划经济体制国家或主动或被动地开始不同程度地向现代市场经济体制转变。其中，大部分国家持有积极的态度，这些国家由传统计划经济体制向市场经济体制转变的力度也比较大。还有一小部分国家是被迫参与经济全球化运动的，如朝鲜。当然，随着经济全球化进程的进一步加快，朝鲜、古巴等国家也相继宣布将更大力度地对传统的计划经济体制进行改革。经济运行方式及资源配置方式由计划向市场的转变，并不是一蹴而就的，而是一个漫

① 张丽．经济转轨的历史性内涵：转轨经济的国际政治经济学解读[J]．社会科学辑刊，2009(6)：142－145.

长的过程。与之相应地，这个进程中形成了特殊的转轨经济形态。从这个角度来看，正是经济全球化催生了传统计划经济国家实施经济体制转轨的行为，从而进一步促使一种特殊的经济形态形成——转轨经济。

值得指出的是，如果将转轨经济作为一种过渡经济来看，那么每当社会发展出现阶段性演进时，因高一阶段的社会发展战胜低一阶段的社会发展是一个漫长的过程，相应地就会产生过渡经济。从这个角度出发，人们更应该将转轨经济放入人类社会发展的历史进程中进行研究。

二、转轨经济形态演变的路径

基于大部分前计划经济体制国家选择了由传统计划经济向市场经济转轨的道路，这一经济转轨进程中形成的特殊转轨经济形态演进也基本遵循由计划到市场这条路径。只是由于转轨经济形态的过程性、动态性等特性，其由计划到市场演进也是一个漫长的过程。在这个漫长的演进过程中，转轨经济形态的演进路径可以简化为：传统的计划经济→以计划经济为主，以市场经济为辅→以计划经济为辅，以市场经济为主→现代市场经济。当然，每个阶段的演进都需要前一阶段量的积累，只有当量的积累达到一定程度时，实现质的飞跃，旧的发展阶段才会被新的发展阶段取代。此外，值得指出的是，上述只是转轨经济形态的一般演进路径。由于各转轨经济体不同，它们各自形成的转轨经济形态的演进路径也有所不同。比如，尽管转轨经济体都以市场经济为目标取向，但具体建设一个怎样的市场经济，各国还有各自的考虑。如俄罗斯、波兰试图建立美国式的自由竞争市场经济，强调竞争，反对政府过多地干预经济。中国则试图建立中国特色社会主义市场经济，越南也提出要建立社会主义定向的市场经济。还有古巴、朝鲜，虽不承认建立市场经济，但在本国的经济体制改革中，其实行的政策也在不同程度上推进了本国经济由计划向市场方向的运行，如古巴实施国有企业改革、朝鲜设立经济特区等。同时，由于各转轨经济体对不同演进阶段设立目标的不同理解，各国转轨经济形态在具体演进过程中表现出了浓烈的国别特性。

三、转轨经济形态演变的动力

转轨经济形态演变的动力主要来自以下几个方面：第一，经济全球化趋势的不断加强是转轨经济形态演变的外在动力。东欧剧变后，以经济互助委员会为主体的社会主义国家经济联盟体系随之瓦解。此后，意识形态领域的分歧不再是影响国家与国家、地区组织与组织或国家与地区组织之间经济联系的障碍。世界经济重新走向了一体化，经济全球化趋势得到了加强。一方面，前计划经济体制国家的经济发展水平大多不高，尤其是原苏东地区国家在经济转轨初期大多出现了较长时间的经济衰退，它们的经济复苏和发展需要外国资本的支持。另一方面，西方发达资本主义国家手中的资本需要寻找投资市场，以赚取更多的利润。只不过西方发达资本主义国家在对原苏东地区国家进行投资时，为确保其投资的安全性，会附加一些政治经济条件，其中最常见的就是实行西方式的市场经济运行模式。为迅速实现经济增长、稳定政治变革的成果，大多数原苏东地区国家为获得西方发达国家的经济援助，接受了其附加的政治经济条件，即建立西方式的市场经济模式。此外，经济全球化是当今不可阻挡的潮流，只有实现自身变革应对挑战，才能抓住经济全球化带来的机遇。亚洲的一些社会主义国家，如中国、越南正是看到了经济全球化这一趋势，才主动探索市场经济发展的道路。总之，随着经济全球化趋势的不断加强，无论是原苏东地区国家还是现存的社会主义国家，其经济都或主动或被动地重新加入了世界经济一体化的进程。第二，传统计划经济自身的缺陷是转轨经济形态演变的内生动力。前计划经济体制国家大多实行的是传统的计划经济。尽管传统的计划经济也曾为社会主义国家经济发展做出过贡献，但是随着世界经济一体化趋势的不断加强，传统的计划经济在促进经济增长、提高经济运行效率上越来越不适应经济全球化的挑战。社会在不断进步，传统的计划经济体制已经不能满足社会发展的需要，它必将被新的经济体制取代，只不过新的经济体制取代旧的经济体制是一个漫长的过程，但这个趋势是不会改变的，也正是它推动着转轨经济形态不断演进。第三，来自政府的助推力。除经济全球化、传统计划经济弊端等因素外，政府的力量也不容忽视。当今前计划经济体制国家的转轨经济建设，同当年这些国家实施传统计划经济一样，在很大程度上不能说是社会发展演变的结果，而是政府人为推动实施建设的结果。当今这些国家进行转轨经济建设，不过是对当年政府人为地同世界经济体系隔离的一种修正。当今转轨经济建设的主导力量仍然是政府。而且，不同国家由于转轨经济的目标不同，其政策和途径不尽相同，从而导致各国转轨经济形态由计划向市场转变的进程也不尽相同。

四、转轨及转轨模式

所谓转轨，也有广义和狭义之分。一般而言，“狭义的转轨可界定为经济方面的转轨，包括经济体制的转轨、资源配置的转轨和发展模式的转轨，而广义的转轨可以概括为四大社会变革和转型，涵盖市场化转型（计划经济体制转向市场经济体制）、工业化转型（从传统的农业社会转向现代工业社会）、全球化转型（从封闭半封闭转向全面开放和融入全球化）和社会主义制度转型（社会主义制度的自我完善、改革和科学发展）”①。由此看来，无论是从广义还是从狭义上看，转轨对于一个国家来说都是一项浩大的工程。那么对于如此浩大的工程，各转轨经

① 颜鹏飞．中国社会经济形态大变革：基于马克思和恩格斯的新发展观[M]．北京：经济科学出版社，2009：268.

济体又遵循着怎样的模式来实现它呢？事实上，从斯大林高度集权的政治经济体制建立开始，各社会主义国家就反思斯大林模式，不断探索适合本国国情的经济体制改革模式，并积累了丰富的经验。具体来说，业已形成的且具有代表性的社会主义国家经济体制改革的理论模式主要包括以下几种。

（一）兰格模式

20 世纪二三十年代，伴随苏联计划经济制度的确立，社会主义由理想变为现实，一场关于社会主义经济核算问题的争论在西方经济学界拉开了序幕。在这场争论中，资产阶级经济学家系统地从理论上对社会主义经济运行的可行性提出了疑问。如 20 年代，新奥地利学派的代表人物路德维希·冯·米塞斯在《社会主义国家中的经济核算》一文中提出，社会主义公有制经济与市场是不兼容的，而市场、价值、货币又是经济核算的重要手段和工具，由此米塞斯得出社会主义经济不可能实现合理经济核算的结论。30 年代中期，另一位新奥地利学派的代表人物弗里德里希·冯·哈耶克在其著作《集体主义经济计划》中对米塞斯的观点做了进一步修正，在哈耶克看来，从理论的角度出发，社会主义经济实现合理的经济核算是可能的，但是社会主义经济缺乏完备的市场运行机制和能够及时、准确地传递和反馈市场信息的系统，因而，从实践的角度出发，社会主义经济实现合理的经济核算是行不通的。为应对西方资产阶级经济学家的挑战，一些马克思主义经济学家对这些观点纷纷进行反驳。他们的中心论点是："在实行生产资料公有制和实行中央计划的社会主义经济中，完全能够进行合理的资源配置，完全能够建立一种保证资源合理配置的经济机制和经济体制。"[①] 只不过马克思主义经济学家在围绕这一中心论点进行论证的过程中，也形成了两种不同

① 顾海良，张雷声 . 20 世纪国外马克思主义经济思想史［M］. 北京：经济科学出版社，2006：269.

的看法。以莫里斯·多布为代表的一批马克思主义经济学家明确反对社会主义经济运用市场等调节手段，并认为社会主义计划经济较之市场经济具有无可比拟的优越性。而以波兰著名经济学家奥斯卡·兰格为代表的一批马克思主义经济学家则提出了将计划机制与市场机制相结合运用于社会主义经济运行中的一系列理论构想。这些理论构想集中体现在兰格的《社会主义经济理论》一书中，该书于1938年正式出版。人们将兰格提出的一系列关于社会主义经济运行规律和发展模式的理论构想称为“兰格模式”。

“兰格模式”的基本内容如下：首先，在兰格看来，在一定的前提条件下，即便没有真正的生产资料市场，也可以模拟类似完全竞争的市场体制。当然，这些前提条件包括：第一，存在着真正的消费品市场和劳动力市场，且消费者和劳动力都有选择的自由；第二，企业经理人将平均生产成本努力降到最低水平，同时企业生产的边际成本等于该产品的价格决定生产量；第三，由中央计划部门确定积累率和利息率。这样，中央计划部门就可以根据产品的供需情况，采用价格试错法达到市场产品供需平衡的状态。其次，在兰格看来，在不存在真正的消费品市场和劳动力市场，而且消费者和劳动力没有选择的权利的前提条件下，同时企业生产严格遵照中央计划部门采用最低平均生产投入组合，中央计划部门可以根据供求状况不断调整价格达到供需平衡的目的。总的来说，“兰格模式”设想的社会主义经济发展模式具有如下特征：第一，“存在着消费品市场，但是消费者的消费偏好不会对企业的生产产生直接的影响”。第二，存在着两种价格体系，即直接面向广大消费者的市场价格和中央计划部门调节的会计价格。第二，“生产资源由中央计划部门统一直接分配”①。

① 王全火，刘东升．中国社会主义市场经济的运行方式[M]．北京：新华出版社，1993：149－150.

值得指出的是，尽管“兰格模式”有许多地方有待完善，但是它关于社会主义经济运行规律及发展模式的探讨，不仅给予米塞斯、哈耶克等西方资产阶级经济学家有力的反驳，而且为后来社会主义经济理论的发展提供了新的思路，如兰格提出社会主义国家可以通过自觉模拟市场竞争机制实现资源的优化配置。总之，“兰格在 20 世纪 20—30 年代提出的兰格模式及其试错法实际上展现了转型经济学的萌芽”①。

（二）布鲁斯模式

20 世纪 50 年代，随着斯大林高度集中政治经济体制弊端的日益暴露和南斯拉夫率先实施经济改革，东欧国家也开始纷纷对斯大林模式进行反思，并积极探索本国的经济改革道路。东欧学术界也因此异常活跃，涌现出了一大批敢于创新的学者，同时收获了丰厚的研究成果。其中，最具代表性的人物是波兰著名经济学家弗·布鲁斯。布鲁斯在反思斯大林模式弊端的同时，积极考察了南斯拉夫的经济改革，并在此基础上提出了“含有市场机制的社会主义计划经济模式”，被人们称为“布鲁斯模式”。

“布鲁斯模式”实际上就是一种主张分权的模式。其基本主张可以概括为以下几个方面：首先，在生产资料所有制问题上，布鲁斯假定社会实行全部生产资料社会公有制。其次，在经济决策问题上，布鲁斯将经济决策划分为三个层次，即第一层次为宏观经济活动的决策，第二层次为微观经济活动的决策，第三层次为个人、家庭经济活动的决策。同时，布鲁斯认为，最理想的社会主义经济模式应该是“第一层次即宏观经济活动由国家决策，第二层次即微观经济活动由企业自行决策。这种模式即使企业获得了较充分的经济决策权，也使国家可以以一定方式

① 颜鹏飞．中国社会经济形态大变革：基于马克思和恩格斯的新发展观[M]．北京：经济科学出版社，2009：268.

控制企业的活动"①。再次，在社会主义经济运行机制问题上，布鲁斯提出计划机制与市场机制有机结合的原则。值得指出的是，"布鲁斯模式"所指的市场机制具有如下特征："第一，市场的种种量，在对选择主体的关系上必须始终保持它的参数性质；第二，市场的种种量，必须按照社会的偏好程度由中央计划当局来决定，或者至少用间接方法使之受到有效的影响。把这种模式中的市场机制叫作有调节的市场机制，是有益的。因为这是为了强调它的作用是计划的工具，而不是与计划无关的，甚至是与计划相对立的一个自发因素。"② 也就是说，"布鲁斯模式"中的决策分权和市场机制只是计划经济的辅助手段，尤其是市场机制效用的发挥必须严格限定在国家计划规定的范围内。最后，在经济运行的动力上，"布鲁斯模式"主张"企业在选择生产目标和生产方法时自主地进行活动所能遵循的唯一可能的原则"③ 应该是实现企业利润最大化。

总的来说，"布鲁斯模式"吸收了"兰格模式"中的合理因素。它关于计划机制与市场机制有机结合、集权和分权有机结合的思想对于20世纪80年代的社会主义国家经济改革实践非常具有启发性。同时，"布鲁斯模式"也不是完美的，尤其是由于提出时间较早，其理论往往落后于社会主义国家经济改革的实践。

（三）锡克模式

20世纪60年代，捷克斯洛伐克的经济改革理论和实践一度十分活跃，引人注目。曾经担任捷克斯洛伐克经济研究所所长，也是当时捷克斯洛伐克国家经济体制改革主持者的著名经济学家奥塔·锡克，在总结

---

① 程秀生．社会主义市场经济十万个为什么：市场经济总论[M]．北京：光明日报出版社，1993：207.

② 布鲁斯．社会主义的政治与经济[M]．何作，译．北京：中国社会科学出版社，1981：10.

③ 布鲁斯．社会主义的政治与经济[M]．何作，译．北京：中国社会科学出版社，1981：144.

本国和其他社会主义国家经济体制改革经验教训的基础上，提出了他的社会主义经济体制模式，后人称之为“锡克模式”。“锡克模式”实际上是“计划性市场经济模式”。

“锡克模式”的主要内容集中体现在奥塔·锡克发表的《社会主义的计划和市场》一书中，具体包括以下几个方面的内容。首先，在生产资料所有制问题上，“锡克模式”主张坚持生产资料公有制，只不过它更多主张的是集体所有制，尤其是股份所有制的“劳动者公司”。可见，“锡克模式”不排斥混合所有制经济。其次，在经济决策问题上，“锡克模式”认为宏观经济决策应由国家总体计划机构负责，并通过国家计划部门制订的分配计划及国民收入分配计划实现经济的均衡发展。再次，在经济运行的机制问题上，“锡克模式”主张取消“指令性计划”，依靠工资、税收、利润分红等调节手段实现宏观经济的供需平衡。但同时“锡克模式”强调，在利用市场机制调节经济运行的同时，还要注重国家宏观调控的作用，以此来保障经济运行的“社会方向”。最后，从经济运行的动力来看，“锡克模式”认为，企业和职工生产的主要动力不是来自国家计划部门下达的各类生产计划，而是来自企业的利润和分红。

显然，“锡克模式”继承了“布鲁斯模式”的积极观点。主张在坚持社会主义公有制经济的基础上，实现计划机制与市场机制有机结合的思想是“锡克模式”与“布鲁斯模式”最突出的共同特点。实际上，“锡克模式”也不是完美的，尤其是1968年捷克斯洛伐克经济改革中断后，奥塔·锡克流亡海外，其理论主张脱离了经济改革的实践，导致“锡克模式”难以避免地具有局限性。此外，“锡克模式”立足解决捷克斯洛伐克一国的经济体制改革问题，因此其理论主张未必适用于其他社会主义国家的经济体制改革，尤其是像苏联、中国等这样的社会主义大国。

（四）休克疗法

美国经济学教授萨克斯提出的“休克疗法”战略，被认为是“华盛顿共识”的最野蛮形式①，该战略因帮助玻利维亚消除了恶性通货膨胀而得名。其主要内容包括：“放开价格、紧缩财政，全面私有化，对外贸易自由化，使本国货币成为可兑换货币等。”② 东欧剧变后，大部分苏东地区国家先后接受了国际货币基金组织的建议，聘请了萨克斯担任本国经济顾问。这些国家希望借助“休克疗法”成功稳定本国的宏观经济，从而进一步巩固新生的政权。自此，“休克疗法”的实施范围不再局限于治理恶性通货膨胀，而是扩展到了关于政治制度、经济体制转轨等方面的内容。“正如萨克斯本人所指出的，是‘采取迅速而果断的行动，以激进的、一步到位的方式稳定宏观经济，同时向市场经济转轨’。因此，‘休克疗法’也就成了激进的经济转轨方式的代名词。”③ 然而，事与愿违，这些国家在实施“休克疗法”之后，本国的宏观经济非但没有得到稳定，反而出现了大幅下滑，人民生活水平也急剧下降。斯蒂格利茨曾经这样描述“休克疗法”在俄罗斯的实验效果：“在20世纪90年代中期，俄罗斯经济持续坍塌，产出下降了一半。即使是在郁闷的苏联时代末期，也只有2%的人生活在贫困之中；‘改革’却导致贫困率激增到50%，超过一半的俄罗斯儿童生活在贫困线以下。”④ 随着“休克疗法”在原苏东国家相继实验失败，“华盛顿共识”也变得声名狼藉。

---

① 格拉济耶夫．俄罗斯改革的悲剧与出路：俄罗斯与新世界秩序[M]．佟宪国，刘淑春，译．北京：经济管理出版社，2003：83.

② 辞海编纂委员会．辞海：1999年版缩印本[M]．上海：上海辞书出版社，2000：260.

③ 关雪凌．俄罗斯社会转型期的经济危机[M]．北京：中国经济出版社，2002：6.

④ 毛增余．斯蒂格利茨对“华盛顿共识”的批判[J]．经济学动态，2003(2)：81－83.

第二章

俄罗斯和越南经济转轨的历史进程

众所周知，由计划经济向市场经济转轨，是一个渐进的过程。在这个过程中，计划经济体制逐渐退出历史舞台，而市场经济体制逐渐建立。与此相适应，计划经济逐渐被市场经济取代。俄罗斯和越南经济转轨历程已有数十年，两个国家的经济转轨大致都经历了四个阶段，本章将分四个阶段对俄罗斯和越南两国经济转轨历程进行梳理，并尽可能呈现两个国家数十年的经济转轨全貌。

第一节 俄罗斯和越南经济转轨的起点

一般而言，所谓历史的东西，主要是指客观事物的产生、发展和消亡，即事物演变的过程，具体包括两层含义：认识对象本身的发展史和人们对认识对象认识过程的发展史。其缺点在于偶然性、盲目性、跳跃性。而所谓逻辑的东西，则是指人的思维对客观事物发展规律的概括反映，即历史的东西在理性思维中的再现，可以弥补历史偶然性、盲目性、跳跃性的缺陷。同时，作为理论形态的逻辑体系、思想进程与客观现实的历史和人类认识的历史应当是一致的。正如恩格斯所说，“历史从哪里开始，思想进程也应当从哪里开始，而思想进程的进一步发展不过是历史过程在抽象的、理论上前后一贯的形式上的反映；这种反映是经过修正的，然而是按照现实的历史过程本身的规律修正”①。由此可见，只有实现历史的东西和逻辑的东西的统一，才能更为全面而深刻地认识事物的本来面貌。也正因如此，本节选取了历史与逻辑两个视角对俄罗斯和越南经济转轨的起点进行分析，力求对两国经济转轨的起点有更深入的认识和把握。

一、俄罗斯和越南经济转轨进程的历史起点

俄罗斯经济转轨的历程最早可以追溯到戈尔巴乔夫时期的改革。苏联既是传统的中央计划经济体制的发源地，也是传统的中央计划经济体制的集大成者。传统的中央计划经济体制曾经为苏联的社会主义建设做出巨大的贡献，但存在的问题也很多。可以说，斯大林的后继者都没有放弃过对传统的中央计划经济体制进行变革。例如，赫鲁晓夫在农业领域实施的改革，其中包括以扩大农场和农庄的自主权为核心的农业计划体制改革、以提高物质利益为目标的农产品采购制度改革、鼓励农村发展个人副业等内容；勃列日涅夫全面推行新经济体制改革，其中包括对部门管理体制的变革、对计划体制的变革、对企业利润分配制度的变革、对物资技术供应体制的变革、对工业品批发价格体制的变革等内容。安德罗波夫和契尔年科作为勃列日涅夫的继任者，也针对传统的中央计划经济体制的变革进行了探索，如在农业中重点尝试推行集体承包制、在工业中尝试扩大企业自主权等，但由于两人执政的时间都很短（安德罗波夫执政 14 个月，而契尔年科执政 13 个月），他们的变革思想还没来得及实践，就因两人的去世而搁浅。从赫鲁晓夫到安德罗波夫、契尔年科，尽管这几位领导人都试图对传统的中央计划经济体制进行变

① 中共中央马克思恩格斯列宁斯大林著作编译局．马克思恩格斯选集：第 2 卷［M］．北京：人民出版社，2012：122.

革，但遗憾的是，他们的变革都仅局限于对传统的中央计划经济体制进行小修小补，取得的成效也不显著。直到戈尔巴乔夫接任苏共中央总书记，苏联的改革才开始真正触及传统的中央计划经济体制的根本。关于这一点，也正如戈尔巴乔夫在苏共二十七大所强调的那样，苏联处于“对社会主义经济体制进行最重大的改组的时期。这种改组已经开始进行……但是，我们只是刚刚起步……现在主要的是，朝着已选择的方向目标明确地、一步一步地向前迈进，在已积累的经济的基础上对经济机制不断充实和完善，消除一切陈旧的或者已证明是不正确的东西”①。之所以这样说，主要是因为以下几点：首先，戈尔巴乔夫时期的经济体制改革拥有一个较为完备的理论，即“新思维”，而“新思维的经济内容，主要是围绕社会主义的一些主要原则问题，特别是根据根本改革经济体制而提出的一些新观点”。② 其次，戈尔巴乔夫时期的经济改革较以往改革的范围更广，涉及面更宽。以企业改革为重点，从微观经济领域到宏观经济领域，从国内经济领域到对外经济领域，戈尔巴乔夫时期的经济改革发动了有史以来对传统的中央计划经济体制最猛烈的攻击。再次，尽管这场改革最终没有帮助苏联实现由计划经济体制向市场经济体制迈进，但是为后来的俄罗斯向市场经济国家迈进奠定了基础。最后，在变革传统的计划经济体制上，为避免改革发生逆转，并不断向前推进，戈尔巴乔夫时期的改革与叶利钦时期的改革具有一定的继承和发展的关联性。综上所述，本书认为，俄罗斯由计划经济体制向市场经济体制迈进的起点应该落在戈尔巴乔夫的经济体制改革上。

越南地处中南半岛，比邻中国。1945 年 9 月，越南宣布独立。1976 年，越南实现国家南北统一。早在 1977 年，越南就确立了由计划

① 辛华．苏联共产党第二十七次代表大会主要文件汇编(1986 年 2 月 25 日至 3 月 6 日)[M]．北京：人民出版社，1987：46.

② 陆南泉．苏联经济体制改革史论[M]．北京：人民出版社，2007：516.

经济体制向市场经济体制转变的目标。同年9月，越共四届六中全会召开，大会确定了“按照市场机制运行的，由国家管理的，坚持社会主义方向的，多种成分的商品经济”的改革总路线。但是，当时由于受到戈尔巴乔夫改革的影响，越共中央一味地强调改革的速度，忽略了整个社会对改革可以承受的能力，最终改革失败。1986年5月，越共领导人在越共五届十中全会上做了自我批评，并承认改革失败。由计划经济体制向市场经济体制转变第一次尝试失败后，越南并没有放弃向市场经济体制转变的目标，而是将学习的榜样由苏联转向了中国。1986年12月，越共六大召开，大会再次重申了越共四届五中全会上提出的改革发展总路线，并出台了一系列涉及农业、工业、金融等领域改革的措施。越共六大以后，由于政策和方法得当，越南迅速摆脱了经济和社会危机，并长期保持着较高的经济发展速度，GDP增长速度平均可以达到7%。因此，从政策的有效性和连续性出发，将越共六大作为越南开启向市场经济体制转变新时期的标志更为合适。本书将越南开始向市场经济体制转变的时间界定在1986年12月越共六大的召开。关于1979年越共四届五中全会至1986年越共六大召开前夕的这段时间，本书认为是越南由计划经济体制向市场经济体制转变前的准备阶段。

值得指出的是，无论俄罗斯还是越南，都处在由计划经济体制向市场经济体制转变的进程当中，而且无法预知这一进程结束的时间。同时，由于两国实际上由计划经济体制向市场经济体制迈进的时间大体相近，本书主要选取1985—2010年的资料和数据进行比较分析。

二、俄罗斯和越南经济转轨的逻辑起点

由于历史的影响，俄罗斯和越南迈向市场经济的逻辑起点大致相近，这也意味着两国在探寻以确立市场经济体制为目标的新征程中可能会面临相似的难题和挑战。如何应对一系列难题和挑战，考验着两国执

政党的智慧，这也是本书研究的出发点和价值所在。

邓小平同志曾经创造性地提出，计划和市场都是经济发展的手段，两者本身并不带有制度属性。其实，作为经济发展的两种手段，计划和市场各有各的优点，选择“计划”还是“市场”，应主要考虑哪种方式更适合国家经济社会发展的条件，更能满足国家经济社会发展的需求。计划经济体制最突出的优点是，国家可以在短时间内集中全国的人力、物力和财力为实现某一特定目标而服务。十月革命的胜利，诞生了世界上第一个社会主义国家。然而，新诞生的苏维埃政权处在资本主义的包围圈中，面临的国际环境并不轻松。同时，苏维埃政权从沙皇和资产阶级临时政府手中接收的国家并不富裕，甚至可以说是欧洲最贫穷的国家。特殊的国内外环境，要求苏维埃政权必须尽可能在短时间内利用有限的资源以最快的速度让国家强大起来，这就决定了苏联的发展不能走寻常之路。计划经济体制当时恰好符合苏联经济社会发展的条件，也契合苏联经济社会发展的需求。仅经过第一个五年计划，苏联工业产值比重就由1928年的51.5%提升至1932年的70.7%，苏联也由农业国转变为工业国。[①] 经过第二个五年计划，苏联工业产值已跃居欧洲第一、世界第二，成为强大的工业国。1925—1940年，苏联用15年的时间跑完了资本主义国家50年到100年的历程。二战后至20世纪50年代末，计划经济体制在苏联战后经济恢复工作中同样发挥了巨大作用。经过战后的两个“五年计划”，苏联不仅迅速抚平了战争带来的创伤，而且迅速提升了国家经济社会发展水平。与二战前经济水平最高的1940年相比，1959年的苏联国民收入增长了4倍，工业产值增长了4.8倍，农业产值增长了1.5倍。与此同时，苏联与美国之间的差距也大大缩小。“1946—1950年，苏联的国民收入、工业产值和农业产值分别为美国的

① 张宏儒. 二十世纪世界各国大事全书[M]. 北京:北京出版社,1993:938.

20%、20%和50%，而到1961—1965年这些指标分别提高到50%、57%和72%。”① 通过上面的数据分析不难看出，计划经济体制与这一时期苏联社会经济发展的处境和需求是相适应的。同时，我们也应该看到，这一时期计划经济体制能够促进苏联社会经济发展的主要原因在于，长期以来苏联社会经济基本上处于一种“战备经济”的状态，这一时期苏联社会的根本任务是反对德国法西斯的侵略和保卫苏维埃政权。也就是说，苏联需要在短时间内举全国之力（包括人力、物力、财力）战胜德国法西斯，保卫苏维埃政权。而这恰好是计划经济体制具备的体制优势。

随着战争的结束、苏联经济社会发展水平的快速提升，苏维埃政权不断得到巩固，苏联社会的根本任务也发生了转变，即由保卫苏维埃政权和反对德国法西斯侵略转移到了发展生产力、不断满足民众日益增长的物质文化需求上来。根本任务的转变，要求完成任务的方法也需要转变，计划经济体制不再是苏联完成根本任务的最佳选择。具体表现在以下方面：首先，苏联在战后初期的“四五”计划期间，依然保持着较高的经济发展速度，而且这一时期建立起了许多在苏联经济发展史上享有盛誉的工程和项目，但是从1975年以后，苏联的发展速度逐渐缓慢下来，尤其是进入20世纪80年代以后，基本上维持在2%~3%，经济发展迟缓、举步维艰；其次，随着国内生产力水平的不断提升，经济结构的日益复杂，受到战备经济需求掩盖的计划经济体制越发显得不适应苏联经济社会发展的条件和诉求，其弊端日益凸显。“苏联部长会议副主席、苏联经济改革委员会主席阿巴尔金院士曾对苏联经济体制的特征作过高度概括。他说‘现行社会制度在经济方面的特征是：社会经济和经营形式单一化和简单化；强制性的集中联合取代市场经济联系；剥

① 陆南泉．苏联经济[M]．北京：人民出版社，1991：18.

夺广大劳动阶层的所有者地位，形成了以国家名义进行活动的支配者阶层；劳动具有了雇佣和强制性质，劳动者与生产资料相脱离；以基于政权力量的外部推动取代社会经济发展的内在动因和刺激；形成了管理国民经济的行政指令体系'。"① 单一公有制的所有制结构形式可以充分体现社会主义政权对国家经济的绝对领导权，但是由于公有制经济的特殊功能，并不是所有产业领域都适合采用公有制经济形式。在个别产业中，单纯的公有制经济形式反而会将经济统得过死，从而导致经济发展丧失活力。强制性的集中联合取代市场经济联系，尽管可以保障国家在最短的时间内举全国之力（人力、物力、财力）集中攻克某一重大经济发展项目，但是违背了经济发展的规律。国家政策的偏好难免会导致资源配置的不平衡，从而导致产业结构的不平衡，这样非常不利于国民经济整体的均衡发展。在多方因素的综合效应下，苏联政府长期偏好重工业的发展，苏联的重工业尤其是军工产业可以称雄世界，但关乎民众日常生活水准的农业和轻工业的发展长期萎靡不振。农产品与工业产品之间巨大的差价，打击了苏联农民的生产积极性，造成农副产品的长期短缺，苏联民众常常为购买食品、衣着等生活用品而不得不在商店门口排起很长的队伍。国家通过下达行政计划管理国民经济，理论上可以更有效地推动国民经济的高效运行。但实际上，由于缺乏自主经营权，企业的生产力水平和劳动效率往往都不高，生产出来的产品在国际市场上缺乏竞争力，大部分企业长期处于亏损状态，进而加重了国家的财政负担。同时，制订企业生产和销售计划的上级行政机关往往不了解企业的实际情况，导致制订出的计划不符合企业的实际生产情况，从而造成浪费。总之，随着苏联国内局势的缓和，传统中央计划经济体制越来越不适应苏联社会经济发展的需求。苏联社会经济发展的新形势呼唤着对传

① 马蔚云．俄罗斯经济转轨十年研究[D]．哈尔滨：黑龙江大学，2001：8.

统中央计划经济体制进行变革。

越南的情况与俄罗斯很相似。20 世纪 80 年代初，随着国内局势稳定，越南告别了“战备经济”时代，进入建设国家经济的时代。此时，传统的计划经济体制弊端也逐渐显露出来。首先，国家对经济统得过死，导致经济缺乏活力。其次，国家对经济领域的过分干预，造成国家财政负担过重。再次，企业因缺乏自主经营权而不愿关心生产技术的革新和劳动效率的提升。最后，职工因缺乏工资激励机制，缺乏生产劳动积极性。此外，1976 年，越南实现国家统一。为尽快实现南北经济统一，越南政府盲目冒进地推进南方地区的社会主义改造，结果使越南陷入前所未有的经济危机。为扭转国内危险的局势，同时受到中国改革开放的影响，越南开始探索改变传统计划经济体制的道路。

第二节　俄罗斯由计划经济向市场经济转变的进程

自 20 世纪 80 年代末起，俄罗斯踏上了从计划经济向市场经济的转轨之路。这一历史性的转变不仅重塑了俄罗斯的经济体制，也深刻影响了其社会的整体面貌。在波澜壮阔的经济转轨进程中，俄罗斯不同时期政治领导人政策导向的差异性共同勾勒出俄罗斯经济转轨的画卷。本节将依次剖析戈尔巴乔夫时代、叶利钦时代、普京时代以及“梅普组合”时代的俄罗斯经济转轨基本情况，努力描绘出俄罗斯经济转轨之画卷。

一、戈尔巴乔夫时代：“向可调节的市场经济过渡”(1986—1991 年)

前文已经提及，尽管斯大林的继任者一直尝试对传统中央计划经济体制进行变革，但由于他们的改革基本上是对传统中央计划经济体制框架下的修补，而非从根本上对传统中央计划经济体制进行彻底的变革，并不属于俄罗斯由计划经济向市场经济转轨的进程。通过对苏联历次经济改革的比较，本书认为，俄罗斯应该是在戈尔巴乔夫改革进程中逐渐走上由计划经济向市场经济转轨的道路的。其中，以苏共二十七大的召开为标志。

（一）第一阶段：消除对商品经济抱有的成见

1986 年 2 月，苏共二十七大召开。与以往不同的是，这次大会在经济改革方面提出了很多新见解。其中，主要包括：第一，改变以往中央及各级经济管理部门对经济实施行政命令式的管理方式，强调要用经济手段领导经济；第二，强调企业的自主经营权，并要求企业逐步朝独立核算、自负盈亏、自筹资金的方向转变；第三，强化各劳动集体对经济管理实施公开、透明、民主监督的作用。为将苏共二十七大的改革精神落到实处，随后苏共又陆续出台了一系列配套改革措施，如《根本改革经济管理体制的基本原则》《国营企业（联合公司）法》《合作社法》《个体劳动活动法》等。由此开始，以国营企业改制为重点的新一轮改革在全国范围展开，并取得了初步成效，主要表现在以下几个方面：第一，苏联 60% 以上的工业企业实现了自主经济核算，且经济效益明显好于未改制的企业。第二，传统的单一国营经济体制取得突破，多种所有制经济获得发展。单以苏联登记入册个体劳动者为例，1986 年登记入册的个体劳动者不到 10 万人，而 1988 年就超过了 60 万人，增长了 5 倍。第三，国家管理经济的具体方式发生了改变。传统的指令性计划被指导性计划取代，国家统一定价被合同定价和自主定价取代。

然而，刚刚有起色的经济改革却遭遇了突如其来的变故。以“公开性、民主性”为口号的政治改革扰乱了经济改革的步伐，“到 1989 年，经济改革已由过去 3 年的中心工作变成了政治附属品和抵押品。经济状况开始出现恶化。……这一年经济和社会发展年度计划的许多指标没有完成，经济发展跌进二战后的最低谷”①。

（二）第二阶段：由“经济健康化计划”到“可调节的市场经济”

为挽救遭受政治飓风干扰的苏联经济改革，进一步推进经济体制改革，1989 年 12 月，苏联部长会议主席雷日科夫提出了“经济健康化计划”。该计划共分为两个阶段：第一阶段为 1990—1992 年，以稳定国家宏观经济为主要任务；第二阶段为 1993—1995 年，以完成向市场经济过渡为主要任务。1990 年 2 月，苏共中央全会首次提出“计划—市场经济”模式，长期徘徊在传统中央计划经济体制到底向哪个方向实施改革的苏共，终于找到了答案。4 月，经过多次会议的讨论，苏共将“计划—市场经济”模式修正为“可调节的市场经济”模式。5 月，苏联政府正式提出《关于国家经济状况和向可调节市场经济过渡的构想》。7 月，苏共二十八大正式提出“向可调节的市场经济过渡”。大会在充分肯定“市场经济是排除过时的国民经济行政命令管理体制的唯一选择”的同时，还对如何实施向可调节的市场经济过渡做了具体分析。其中包括：“第一，加快制定保证向市场经济过渡的立法以及法律规则和机制。第二，给企业和所有商品生产者自主权和经营自由，而不问其属于何种所有制形式，促进它们之间发展健康的和诚实的竞争，把国家管理职能同直接的经营活动分开。第三，实现生产、银行、保险、贸易、科研的非垄断化，支持大力发展中小企业。第四，国家对市场关系的调节要有利于维护公民的社会权利，有利于国民经济重大的结构改革，有利于实施科技和生态纲要，以及在世界经济联系体系内确保国家利益。在经济核算原则和劳动集体自治的基础上，在统一市场范围内确保国家对运输干线、邮电、能源和军工综合体各企业的管理。第五，在

① 王郦久．俄罗斯从计划经济走向市场经济[M]．武汉：武汉出版社，1994：22，33.

计划体制方面，转向制定经济发展的贷款利息等手段间接调节经济。第六，保证向可兑换卢布过渡，保证经济向世界市场开放，为企业的对外经济活动创造有利条件，吸收外国资本以便最快地采用先进技术和丰富市场。”[①] 为避免向可调节的市场经济过渡中出现的消极因素可能会威胁到苏联民众的日常生活，大会决议还特别建议“第一，补偿因调整商品零售价格和服务收费给居民造成的损失，以消费价格上涨为依据，实行灵活的居民货币收入指数化体系；第二，建立维持就业、劳动安置和职业再培训的有效机制，在暂时不就业、重新培训和改行期间实行发放补助金制度；第三，保证对调节市场关系的法律的遵守情况实行社会监督和国家监督”[②]。

从对市场经济抱有成见，到正式提出“可调节的市场经济”方式，再到正式宣布国家向市场经济过渡，苏共对传统中央计划经济体制变革的认识实现了质的飞跃。可以假定，如果苏联政局稳定，苏共及苏联各界能够戒骄戒躁，耐心地依照苏共二十八大决议中的计划向“可调节的市场经济”方式过渡，那么“苏联模式”也许还会焕发新的生机。然而，历史是不容假定的。政治上的极度躁动，经济上的徘徊不前，使得激进派没有耐心忍受向“可调节的市场经济”方式过渡的漫漫长路，他们妄想寻找捷径迅速完成向市场经济过渡的任务。激进派的亚夫林斯基起草了一份以广泛私有化和自由化为特征的文件——《400天——使苏联经济加速转向市场原则的构想》，随后又出台了“沙塔林纲领”。由于出现了两种不同的向市场经济过渡的方案，且对这两种方案的争议都很大，此后苏共内部就如何贯彻苏共二十八大向市场经济过渡的精神展开了长达近10个月的讨论。当最终方案《稳定国民经济和向市场经

---

① 苏群. 苏联共产党第二十八次代表大会主要文件资料汇编[M]. 北京:人民出版社,1991:122.

② 苏群. 苏联共产党第二十八次代表大会主要文件资料汇编[M]. 北京:人民出版社,1991:123.

济过渡的基本方针》获得通过时，苏共已经无法掌控国家局势。苏联最大的加盟共和国——以叶利钦为首的俄罗斯拒绝执行苏共通过的这一方案。至此，苏共二十八大中关于“向可调节的市场经济过渡”的计划变成了纸上谈兵。改革的不作为使得苏联经济进一步恶化，1990 年，苏联首次出现经济负增长。与 1990 年相比，1991 年的情况更加糟糕，苏联国民生产总值下降了 15%；到 1991 年底，苏联的外债总额高达 1200 亿美元，全国 1/3 的居民生活在官方公布的贫困线以下。

（三）小结

通过对戈尔巴乔夫经济改革的阶段性分析，我们不难发现一些特点：首先，总体上看，这一时期的经济改革措施还是比较温和的，尤其是苏共二十八大上关于“向可调节的市场经济过渡”的阐释，几乎就是渐进式改革的样板；其次，这一时期的改革突破了以往传统计划经济体制框架，真正开启了向市场经济过渡的道路；再次，这一时期的改革为后来俄罗斯的经济转轨奠定了思想基础；最后，受激进政治变革的影响，这一时期的经济变革仅仅局限于理论上的探讨，根本没有机会付诸实践，而中国、越南的经济改革却将社会主义国家发展市场经济的构想变成了现实。

二、叶利钦时代：“激进式改革 + 自由市场经济”（1991—2000 年）

1991 年 12 月 25 日，戈尔巴乔夫宣布辞去所有职务，这个成就卓著、问题颇多的国家解体了。重新独立后的俄罗斯，根本制度发生了逆转，即资本主义制度取代了社会主义制度。为防止剧变进程发生逆转，俄罗斯需要迅速摧毁社会主义经济基础，并迅速建立资本主义经济基础。为此，叶利钦上台伊始就宣称，“作为俄罗斯第一任民选总统，首先要做的事情是推动激进的改革”[1]，即迅速推动俄罗斯由计划经济向市场经济转轨。总的来说，叶利钦时代俄罗斯经济转轨主要是围绕“休克疗法”展开的。至于俄罗斯未来市场经济发展模式，叶利钦则在与美国民众的谈话中给予了明确答复。他指出，俄罗斯将会效仿美国自由市场经济方式建设自己的市场经济。总之，从叶利钦正式宣布就任俄罗斯总统起，俄罗斯便开始大踏步地驶向建设市场经济的轨道。而截至1999年12月31日，叶利钦提前辞去总统职务，围绕“休克疗法”的实施和后续不断修正，这一时期俄罗斯的经济转轨划分为以下几个阶段。

（一）盖达尔政府：全面实施“休克疗法”

“休克疗法”原是医学上临床使用的一种治疗方法。从20世纪80年代开始，美国学者杰弗里·萨克斯将“休克疗法”引入经济领域，用于治理通货膨胀，并先后在南美洲的玻利维亚和东欧的波兰取得了成功。“休克疗法”的主要措施包括：“通过实行紧缩政策、控制通货膨胀，达到稳定宏观经济的目的，通过全面的经济自由化来实现整个经济运行机制的转轨，同时大规模地推行私有化政策，改变社会基本制度。”通常人们将其内容简化为“三化”，即自由化、私有化、稳定化。其本质在于“破在当头，立在其中”[2]。叶利钦及其追随者错误地以为只要沿着美国自由市场经济方式的轨迹前进，美国的今天就会是俄罗斯的明天。为尽快建成西方标准式市场经济国家，叶利钦一上台就全面实施了“休克疗法”。

俄罗斯退出联盟独立后，盖达尔出任叶利钦政权的第一任总理。盖达尔是“休克疗法”的积极推动者。在他的任期里，俄罗斯的“休克

① 谭索．叶利钦的西化改革与俄罗斯的社会灾难[M]．北京：社会科学文献出版社，2009：1.

② 娄芳．俄罗斯经济改革透视：从“休克疗法”到“国家发展战略”[M]．上海：上海财经大学出版社，2000：36.

疗法”式改革主要包括以下四个方面：

第一，打破原有计划价格体系，一次性全面放开价格，以期在最短时间内实现价格自由化。1991 年 12 月 19 日，俄罗斯政府作出《关于放开物价措施的决定》。该决定规定，除房租、公共服务、公共交通外，其中包括天然气和电力仍有部分调节价格，其余的所有产品和劳务均采用自由价格和自由收费标准。截至 1992 年 3 月底，俄罗斯 90% 以上的消费品和 80% 以上的生产资料实现了市场定价。俄罗斯初步形成了价格自由化的格局。

第二，实行紧缩性财政政策和货币政策，遏制通货膨胀，以期尽快实现国家宏观经济稳定化的目标。全面放开价格后，如预期所想，俄罗斯出现了恶性通货膨胀，仅 1992 年俄罗斯的通货膨胀率就高达 2510%。为遏制通货膨胀，迅速实现国家宏观经济稳定，盖达尔政府一方面紧缩银根，减少货币发行量和压缩信贷规模；另一方面尽可能地削减政府各项支出，其中，包括压缩军费开支、精简机构、缩减政府投资项目等。

第三，“小私有化”进程与“大私有化”进程并举，全面展开大规模私有化。为此，盖达尔政府先后出台了一系列政策。1991 年 7 月 3 日，俄罗斯颁布《俄罗斯联邦国有企业私有化法》。1992 年 6 月 11 日，俄罗斯颁布《俄罗斯联邦 1992 年国有、市有企业私有化国家纲领》；6 月 30 日，俄罗斯颁布《深化经济改革纲领》。这些政策的核心精神是，除少数关系到国计民生的企业外，对所有企业实施私有化改造，同时将根据企业的规模采取不同的私有化方式。对于企业职工人数小于 200 人、固定资产小于 100 万卢布的小型企业，直接实施拍卖，即实施“小私有化”改造。对于企业职工人数大于 1000 人、固定资产数额大于 5000 万卢布的企业，国家对其实施股份制改革，且所有股份由国家代理出售，即实施“大私有化”改造。

第四，实行对外经济活动自由化。1991 年 11 月 22 日，俄罗斯颁布

《对外经济活动自由化法令》，该法令规定："允许所有登记的企业开展对外贸易，彻底下放外贸经营权。除燃料、原料外，免征出口关税，取消配额和许可证。取消对进口的一切限制，开放俄罗斯市场，免征进口关税。自1992年7月1日起，对进出口实行调节。为保护民族工业，增加预算收入，对14类商品征收关税。外贸创汇企业需将外汇收入的一半卖给国家，其他可以自行出售，价格以市场需求和汇率来界定，实行浮动汇率制，逐步过渡到固定汇率制。外国投资者有转汇红利和利息的自由。"①

"休克疗法"为俄罗斯的经济转轨描绘了一条崭新的道路。它迅速解除了计划经济体制的束缚，通过放开价格、货币自由兑换、全面私有化和市场化等一系列手段，试图将俄罗斯经济快速融入全球化的浪潮。叶利钦曾经在1992年元旦发表全国电视讲话，"动员全体俄罗斯人以和平、克制和勇敢精神迎接即将到来的经济改革——'休克疗法'式的宏观经济稳定大实现"②，并向国民许诺，"休克疗法"将帮助俄罗斯在1992年底实现国家宏观经济稳定，人民生活水平将会得到提高。然而，在实施"休克疗法"的1992年，俄罗斯商品和服务消费物价指数高达2608.84%③，俄罗斯居民的实际收入和生活水平大幅下降。在采用"休克疗法"之前，俄罗斯的经济规模位列世界第二，仅次于美国；但在采用"休克疗法"之后，俄罗斯的经济规模与巴西和墨西哥的经济规模大体相当。可以说，"休克疗法"非但没有帮助叶利钦政权兑现当初对普通民众许下的美好承诺，反而将俄罗斯推向了深渊。

---

① 谭索．叶利钦的西化改革与俄罗斯的社会灾难[M]．北京：社会科学文献出版社，2009：14．

② 王郦久．俄罗斯：从计划经济走向市场经济[M]．武汉：武汉出版社，1994：34．

③ Индексы потребительских цен на товары и услуги по Российской Федерации, федеральным округам и субъектам Российской Федерации (с1992г.)[EB/OL]. https://rosstat.gov.ru/search? q=1992.

（二）切尔诺梅尔金政府：全面修正“休克疗法”

巨大的反差效应使“休克疗法”遭到全国上下的质疑和不满，盖达尔也因此被迫下台。1994 年 1 月 20 日，切尔诺梅尔金出任俄罗斯政府总理。盖达尔的下台标志着“由盖达尔引进的并经叶利钦赞同和支持的‘休克疗法’式的激进改革政策，在俄罗斯完全破产了，俄罗斯的经济改革自此转入了一个新的时期——切尔诺梅尔金领导时期”①。

与盖达尔不同的是，切尔诺梅尔金主张放弃激进的“休克疗法”。他上台伊始便组织专家草拟俄罗斯经济改革的新方案——《俄罗斯社会经济改革：现状与新方法》，即《二月提纲》。该方案基本上全面否定了“休克疗法”，并对“休克疗法”做了全面修正。《二月提纲》将俄罗斯今后的经济改革分为六部分内容，三个阶段。六部分内容是：“①具体确定改革在社会保障与福利方面（如就业、生活、教育、医疗等）的目标与界限，这是改革首先要解决的问题。②摒弃依靠货币主义使经济健康化的思路，恢复国家对经济的宏观调控。注重支持物质生产，促进企业经营积极性。制定有效的产业政策、价格政策和可靠的经济法规，提高俄罗斯商品在国内外市场上的竞争能力。③通过运用居民储蓄、严格信贷、完善税收和预算等措施，调动国内资金来源，实现财政稳定，调节物价和财政收支。④建立全俄统一大市场，并以此为条件，将改革重心从中央转向地方，通过立法形式给地方以适当的自主权。⑤重新评估外援在俄罗斯经济中的作用。首先立足自力更生，挖掘国内科技生产潜力。不依赖外援，但要积极引进外资。⑥改革所有制关系。逐步实行多种所有制形式。但要彻底放弃目前正在实行的大规模的私有化运动。所有制关系的改革重点将所有制私有化转为管理私有化，

① 王郦久．俄罗斯：从计划经济走向市场经济[M]．武汉：武汉出版社，1994：62.

使管理私有化成为俄罗斯市场经济的重要发展条件。”① 三个阶段为：第一阶段为稳定经济阶段，用时2~3年，主要任务是遏制经济迅速下滑的趋势，有效治理通货膨胀，实现国家宏观经济总体稳定；第二阶段为经济体制全面改革阶段，用时约10年，主要任务是为建立市场经济体系做准备；第三阶段为改革最后阶段，任务是建成有俄罗斯本国特色的市场经济体系。

围绕《二月提纲》，以盖达尔为首的激进改革派和以切尔诺梅尔金为首的温和改革派发生了激烈的争论，而这场争论以激进改革派的失败告终。1994年2月24日，叶利钦首次发表国情咨文，宣布放弃“休克疗法”，正式确立《二月提纲》为今后俄罗斯经济政策的基础。此后，俄罗斯经济政策发生了重大调整，主要表现在以下几个方面：①摒弃货币自由主义政策，强化国家对经济的宏观调控作用。②在市场定价的基础上，强化国家物价水平监督机制。③摒弃以摧毁旧的经济体制为目标的私有化政策，主张以提高经济效益为目标的私有化政策。④摒弃过去不惜一切代价搞改革的做法，强调社会保障制度，加强对科教、文化、卫生等事业的支持。⑤摒弃让步求援的对外经济政策，主张自力更生，合理利用外资。⑥加强法治建设，为市场经济提供健全的法治环境。

总的来说，自1992年12月当选总理至1998年3月被解除总理职务，切尔诺梅尔金及其领导下的政府，继续带领俄罗斯朝着市场经济转轨的方向前进。俄罗斯的经济转轨也进入了一个新的时期。这一时期，切尔诺梅尔金政府不仅对“休克疗法”进行了全面修正，而且在此基础上对国家的经济政策进行了全面调整，使得俄罗斯经济形势出现了稳步向好的趋势，但还没有从根本上把俄罗斯从危机中解救出来。叶利钦是彻底的“自由资本主义”激进派，而切尔诺梅尔金是反对激进式改

① 唐朱昌．从叶利钦到普京：俄罗斯经济转型启示[M]．上海：复旦大学出版社，2007：51－52.

革的。随着连任成功以及俄罗斯国内宏观经济出现回暖迹象，为巩固自身的政治地位，继续推进西化改革，1998 年 3 月 23 日，借着当时国内出现的经济危机和政治危机，叶利钦解除了切尔诺梅尔金政府总理的职务。

（三）三届短命政府：经济政策摇摆不定

无论是经济思想还是政治倾向，叶利钦都是一个彻底的“自由资本主义”者，他的梦想就是将俄罗斯打造为西方标准式的自由资本主义王国。然而，叶利钦担任俄罗斯总统期间，每当俄罗斯尝试激进式经济改革时，经济就会陷入濒临崩溃的边缘；每当对激进的经济改革政策进行调整，加强国家对经济的宏观调控时，经济就会逃离崩溃的边缘。在俄罗斯经济改革理想与现实的抉择中，叶利钦往往采取立足现实但决不放弃理想的迂回战略。也正是基于这个因素，1998 年 3 月至 1999 年 5 月，俄罗斯在 14 个月里连续更换了三届政府总理，国家的经济政策也几次更改，摇摆不定。具体表现在以下几个方面：

首先，基里延科政府重拾激进的经济改革政策。

1998 年 3 月，基里延科临危受命接替切尔诺梅尔金担任政府总理。基里延科能够成功当选政府总理，是由两个重要因素决定的。首先，基里延科是一位没有政治野心的专家型人才。在基里延科看来，不过问政治是一种理想的行为方式。其次，基里延科是一位年轻的激进改革派。他与叶利钦曾经十分欣赏的“年轻激进改革者涅姆佐夫是志同道合的好朋友”。[①] 这符合叶利钦的经济改革思想。此外，基里延科在就任之初就高调对外宣称：除总统外，他不对任何人负责。这让叶利钦对基里延科很放心，并对基里延科政府充满了希望。然而，也正是以上两个因素加之基里延科资历尚浅，决定了基里延科政府不会对叶利钦的激进式

① 谭索．叶利钦的西化改革与俄罗斯的社会灾难[M]．北京：社会科学文献出版社，2009：201.

改革做出重大调整。与此同时，切尔诺梅尔金政府突然遭到解职给俄罗斯经济形势带来了沉重打击，使原本已经出现平稳态势的俄罗斯经济再次陷入危机。面对严重的国内经济危机，基里延科不得不重走丘拜斯、涅姆佐夫的旧路，即让无效企业破产，低价出售石油、天然气、矿产等国有自然资源，让资不抵债的本土银行倒闭，外国银行趁机进入俄罗斯金融领域，最后只能依靠国内金融寡头和西方经济援助来稳定国内宏观经济。任职仅122天的基里延科最终以败绩下台。

其次，普里马科夫政府调整激进的经济改革政策。

日益严重的国内经济危机迅速引发了政治危机。曾经支持和拥护叶利钦的俄罗斯人再也无法忍受经济危机带来的苦果，并把矛头指向叶利钦，要求叶利钦辞职的声音也越来越响亮。为保住自己的政治统治地位，叶利钦再次做出“舍车保帅”的决定，解除基里延科政府总理的职务。叶利钦本想重新任命切尔诺梅尔金担任总理，却遭到了杜马的否决。最后，普里马科夫受命组阁新一届政府。

在普里马科夫看来，俄罗斯朝市场经济转轨的方向不会改变，但在国内严重危机的情况下，必须采取强有力的调控措施进行干预。俄罗斯应该抛弃自由市场经济的目标，转而朝着面向社会的市场经济目标前进。为此，普里马科夫政府针对俄罗斯国内严重的经济危机形势，提出了一整套反危机纲领。其主要内容包括：控制物价、抑制通货膨胀、实施税收改革、加强货币管理、改组金融机构、清查债务等。由于这套反危机纲领偏离了自由市场经济的轨道，遭到了俄罗斯改革境外支持者——国际货币基金组织的否决。值得指出的是，正是普里马科夫政府及时调整了经济政策，才使得俄罗斯经济又一次逃离了崩溃的边缘。然而，待俄罗斯国内经济稳定后，普里马科夫如同切尔诺梅尔金一样，也遭到了解职。取代普里马科夫担任俄罗斯总理的是斯捷帕申。斯捷帕申政府“政策走向的最大特点是强调继承和发展上届政府的主要政策，而不是改变这些政策，同时制定和实施新的，更坚决、更有效的政策措施，以使经济摆脱危机”[①]。在斯捷帕申政府政策的引导下，俄罗斯经济危机得到一定程度的缓解，经济发展开始出现积极因素。但是，由于斯捷帕申政府的经济政策基本延续了普里马科夫政府的经济理念，注定不会获得叶利钦的长久支持。斯捷帕申政府在执政 82 天后便遭到了解职。

（四）小结

综上所述，一方面，叶利钦时代的俄罗斯在由计划经济向市场经济迈进的进程中，国家整体的经济目标是建立自由市场经济，为了实现这个目标而实施的方法是“休克疗法”式的激进改革。尽管由于国内不断遭受经济危机和政治危机，真正实施“休克疗法”式的激进改革时间不到两年，后期又不断对激进式改革进行政策调整，但这并不能动摇叶利钦对建立自由资本主义俄罗斯的坚定信念。叶利钦多次更换政府总理的举措就可以证明这一点。另一方面，叶利钦三番五次地更换总理，不断地调整经济政策，导致这一时期俄罗斯的经济转轨并没有取得实质性的进展。换句话说，叶利钦的激进式变革只不过是在戈尔巴乔夫改革的基础上进一步摧毁传统的中央计划经济体制罢了，而新的市场经济体制还没有真正建立起来。而这也是叶利钦时期宏观经济急剧下滑、国家对宏观经济局势失去控制的主要原因。

三、普京时代：“市场经济 + 俄罗斯社会现实 + 强国富民”（2000—2008 年）

“经济转型的初衷是迫于提高经济增长能力的需要。”[②] 叶利钦希

① 许新. 叶利钦时代的俄罗斯・经济卷[M]. 北京：人民出版社，2001：107.

② 科勒德克. 从休克到治疗：后社会主义转轨的政治经济[M]. 刘晓勇，等，译. 上海：上海远东出版社，2000：5.

望俄罗斯可以通过快速完成由计划经济向市场经济的转轨，实现经济的稳定增长。“这个时期，俄罗斯通过对国有经济进行私有化改造及重建经济管理体制，确立了市场经济的制度框架，同时经济社会也陷入了深重的危机之中。”[①] 为了让自己精心挑选的接班人——普京顺利接掌政权，继续推进激进式西化改革，叶利钦于 1999 年 12 月 31 日发表全国讲话，突然宣布辞去总统职务，并任命普京为代总统，代替总统行使权力。2000 年 5 月，普京成功当选俄罗斯第三届民选总统。自此，俄罗斯告别了叶利钦时代，迎来了普京时代。

普京从叶利钦手中接过的俄罗斯，几乎处于数百年来最困难的一个历史时期。经济上受控于外资和国内少数寡头，政治上遭受民族分离、地方割据的困扰。这大概是近 200 ~ 300 年以来俄罗斯首次受到沦为世界二流甚至三流国家的威胁。面对复杂而严峻的形势，一方面，普京继承叶利钦的经济市场化主张，继续推进俄罗斯向市场经济转轨；另一方面，普京针对叶利钦时期市场经济转轨中存在的诸多问题，调整改革的方向，把经济转轨的重点由摧毁传统的中央计划经济体制转向建设有俄罗斯特色的市场经济体制上来。具体而言，主要包括以下几个方面。

（一）强化政府职能，重塑国家权威

普京上台之初，“国家宪法已经失去根本大法的性质。处处都出现了分离主义的倾向。地方不交税，一些地区还想发行自己的货币，北高加索处于内战状态”。[②] 国家权威受到了前所未有的亵渎和挑战。在普京看来，造成俄罗斯政局混乱、经济持续走低的一个很重要的原因，就是国家权威受到了挑战。对此，普京认为，“有着强大权力的国家对于俄罗斯人来说不是什么不正常的事，恰恰相反，它是秩序的源头和保

① 李中海．普京八年：俄罗斯复兴之路（2000—2008）：经济卷［M］．北京：经济管理出版社，2008：9.

② 魏新龙．俄罗斯经济转型与演变分析［J］．理论界，2007（3）：198 - 199.

障，是一切变革的倡导者和主要推动力”[①]。普京试图通过“提高中央政府对全国的管理和控制能力，通过强化国家的执政能力，结束激进变革所导致的混乱局面，实现国家的强盛与发展，让资本家们都意识到他们只有依靠国家，才能生存和发展”[②]。为此，普京通过一系列措施理顺了一些重要关系，实现了强化政府职能、重塑国家权威的目标。具体表现在以下几个方面：

首先，重新理顺中央和地方的利益分配关系。2000 年 5 月，普京上台伊始便着手改变现行全国行政区域划分的格局，在全国设立了七大联邦区，并任命总统驻联邦区全权代表负责对地方政府进行协调和监管。此番行政区域的调整和设立总统驻联邦区全权代表职位，强化了中央政府对地方政府的监管职能。此外，普京还通过一系列政策的调整明确了中央政府和地方政府在相关领域中的权责关系，尤其是建立了透明的补贴与转移支付机制，有效地保障了中央和地方财政来源的稳定性。值得指出的是，在对待国内金融寡头问题上，普京与叶利钦的做法截然不同。普京主张依法打击那些发国难财又不安分守己的寡头。从 2000 年开始，先后受到严惩的寡头就有俄罗斯传媒大亨古辛斯基，俄罗斯金融、媒体大亨别列佐夫斯基，以及俄罗斯石油、银行寡头霍多尔科夫斯基。普京依法严厉追究俄罗斯寡头的犯罪行为，使得金融寡头人人自危。自此，俄罗斯终于告别了寡头干政的局面，国家权威得到了重塑。

其次，重新理顺政府和市场之间的关系，加强国家对宏观经济的调控。作为叶利钦钦定的接班人，普京总体上是认同俄罗斯经济市场化改革的。不同的是，普京希望通过建立强大而有权威的政权体系为俄罗斯经济市场化改革保驾护航。1999 年 11 月，普京在一次会议上首次表达

---

① Владимир Путин. Россия на рубеже тысячелетий[N/OL]. Независимая газета, 1999 – 12 – 30. http://www.ng.ru/politics/1999 – 12 – 30/4_millenium.html.

② 李新，沈志义．普京时期俄罗斯经济政策的调整[J]．上海财经大学学报（哲学社会科学版），2007(4)：70 – 77.

了自己对俄罗斯向市场经济转轨的看法。普京认为，只有走市场经济道路，俄罗斯才能真正获得发展。俄罗斯必须持续推进向市场经济转轨，直到市场经济能够在俄罗斯全面运行为止。2000年，普京在《千年之交的俄罗斯》一文中再次指出："俄罗斯必须在经济和社会领域建立完整的国家调控体系。这并不是说要重新实行指令性计划和管理体系，让无所不包的国家从上到下为每个企业制定出工作细则，而是让俄罗斯国家成为国家经济和社会力量的有效协调员，使它们的利益保持平衡，确立社会发展最佳目标和合理参数，为达到这一目的创造条件和建立各种机制。"我们的市场经济应该是这样的，"当需要国家调控的地方，就要有国家调控；需要有自由的地方，就要有自由"①。由此可见，普京希望通过国家给予经济必要的宏观调控，保障俄罗斯市场经济的健康运行，而绝非充当市场经济发展的"绊脚石"。此时，加强国家对经济的宏观调控，既与传统的中央计划经济体制有着本质的区别，又有别于叶利钦时代完全放任市场经济自由发展。在某种程度上，普京所倡导的经济市场化改革如同其倡导的政治民主化一样，都具有某种"可控性"。正是这种"可控性"使俄罗斯的市场经济既不缺乏必要的制度保障，又不缺乏自由发展的活力。政府和市场之间的关系得到了有效梳理。

（二）发挥资源优势，培育创新型经济

经历了苏联解体和叶利钦时代不成功的经济改革，俄罗斯的经济水平早已到了撑不起俄罗斯成就"世界大国"梦想的地步。迅速扭转国民经济形势、加快国家经济发展，成为普京政权的当务之急。同时，俄罗斯以往经济发展的教训表明，依靠意识形态手段是无法真正带领俄罗斯经济走向强大的，而"任何一个国家，若想在世界经济中占据一席

---

① 普京．普京文集：文章和讲话选集[M]．北京：中国社会科学出版社，2002：13.

之地，最便捷的途径莫过于发挥自身比较优势来谋求快速发展和提升实力”。[①] 2004 年，俄罗斯科学院社会政治研究所出版的《俄罗斯——复兴之路》指出，俄罗斯是世界上唯一自然资源能够完全自给的国家，其石油储量占全球储量的 13%，天然气探明储量占全球总储量的 45%，均居世界第一位。[②] 在普京看来，俄罗斯拥有石油、天然气等战略资源的绝对优势，必须充分利用好这一优势，进而为俄罗斯经济再次腾飞奠定基础。然而，叶利钦时代大规模盲目推进私有化进程，使得俄罗斯石油、天然气等战略资源落入少数寡头及外国资本手中，国家无法对其进行战略整合。鉴于此，普京在没有对以往私有化进行全面审查的基础上，通过打击企业偷税、漏税等行为重新将这些战略资源纳入国家控制范围。此后，随着国际能源市场价格持续走高，俄罗斯的能源工业为俄罗斯经济增长做出了巨大贡献。自 2000 年以来，“俄罗斯的能源产值已占到俄罗斯工业产值的 30%，为政府创造了大约 54% 的年预算收入和 45% 的外汇收入，对 GDP 增长的年贡献率也达到了 3% 左右”[③]，能源工业成为俄罗斯经济发展的重要增长点。

能源优势似乎让久陷困境的俄罗斯人看到了国家美好的未来，然而早在 2003 年，普京就通过各种场合公开表达了对依靠能源出口拉动 GDP 增长的经济增长方式的担忧。他一再重申调整俄罗斯经济结构对俄罗斯经济可持续发展的重要意义。他警告国民说，当前能源行业在国民经济中的比重过大，已然造成了国民经济结构比例失调，如果今天不进行经济结构的改革，那么明天等待我们的将是漫长的经济停滞。普京已经意识到了依赖能源工业支持国民经济增长的有限性和及时转变经济增长结构的紧迫性。能源工业固然可以为俄罗斯经济发展提供强有力的

---

① 秦宣仁，韩立华．普京发展经济的新思路[J]．国际石油经济，2004(10)：8 – 12.

② 韩学工，刘龙．俄罗斯的实力有多强[J]．世界知识，2007(18)：20 – 21.

③ 李新，沈志义．普京时期俄罗斯经济政策的调整[J]．上海财经大学学报(哲学社会科学版)，2007(4)：70 – 77.

支持，但它受到国际市场能源价格波动的影响较大，一旦国际能源市场价格大跌，俄罗斯经济就会再次濒临破产的边缘。因此，能源工业只能解俄罗斯经济发展一时之需，却不是俄罗斯经济发展的长久之计。

其实，关于俄罗斯未来经济发展战略，普京有着较为深入且长远的看法。在《2006—2010 年俄罗斯社会经济发展纲要》中，普京提出，要走创新型经济发展道路，使经济的发展建立在创新、人力资本、高科技与自由经营的基础上。① 为此，普京采取了一些相应的措施为发展创新型经济提供必要的保障。首先，创建稳定基金，提高俄罗斯经济抵御风险的能力。稳定基金的资金来源主要是能源工业贡献的利润。创建稳定基金的目的在于“确保能源价格下跌时的财政平衡，防止进行结构改革时可能的风险以及资金不足”②。后来的实践证明了俄罗斯政府创建稳定基金的做法是正确的，如今的稳定基金不仅为俄罗斯实现经济平稳发展做出了贡献，而且成为俄罗斯经济加速发展的助推器。其次，调整经济结构，培育创新型经济。俄罗斯有着世界上一流的高等教育水平和一流的科学研发能力，然而长久以来，这些优势却得不到有效发挥。一方面，俄罗斯企业设备老化、工艺陈旧，生产出的产品在国际市场上毫无竞争优势；另一方面，许多俄罗斯科学家的科研成果不能在俄罗斯国内及时转化为生产力，转而纷纷与外国资本合作，帮助国外企业提升产品竞争优势。显然，俄罗斯发展创新型经济的必要条件已经具备，即俄罗斯拥有高水平的科研创新能力和一流的科学家，所欠缺的是将俄罗斯科学家的科研成果及时转化成生产力的有效运行机制。为此，普京采取了一系列措施鼓励创新型经济发展。其中主要包括：“加强税收的调

① 李新，沈志义．普京时期俄罗斯经济政策的调整［J］．上海财经大学学报（哲学社会科学版），2007（4）：70－77．

② 李中海．普京八年：俄罗斯复兴之路（2000—2008）：经济卷［M］．北京：经济管理出版社，2008：67．

节功能，加大能源行业税收，减轻创新型企业税负”①，吸引更多企业转产发展高新技术产业，同时制定优惠政策，以促进科研成果及时转化为生产力。

（三）坚守国家利益至上原则，与世界经济接轨

在全球化趋势逐渐加强的背景下，任何一个国家都自觉或不自觉地被卷入世界经济一体化的大潮中，俄罗斯也不例外。正如普京认为的那样，俄罗斯当前面临的早已不是“是否要融入世界经济，是否要与世界经济接轨的问题，……俄罗斯已经是世界体系的一部分了”②。俄罗斯现在需要解决的问题是如何与世界经济接轨。在普京时代，俄罗斯与世界经济接轨最大的特点莫过于始终奉行俄罗斯国家利益至上的原则。这主要表现在以下几个方面：

首先，在对待资本对外开放问题上，普京吸取了叶利钦的教训，不再盲目地以牺牲俄罗斯国内不成熟的资本市场为代价，换取强化与世界经济的联系，而是站在审慎的立场，在充分考虑本国资本市场的成熟程度和开放后所能抵御风险的能力基础上，逐步推进俄罗斯经济与世界经济的接轨。

其次，在加入世界贸易组织问题上，俄罗斯不卑不亢，坚守国家利益至上原则。普京一方面认为俄罗斯需要加入世界贸易组织，并借助这个平台，使俄罗斯经济获得更好的发展；另一方面认为俄罗斯加入世界贸易组织“是一个如何更加合理地参与国际分工的问题，一个如何从世界经济中获取足够利益的问题”③，俄罗斯只有参与其中的规则制定，

---

① 许新．普京新任的治国经济纲领：评普京总统 2004 年国情咨文[J]．经济研究参考，2004(78)：23 – 27.

② Владимир Путин. Послание Президента РФ Федеральному Собранию Российской Федерации (полный текст) [EB/OL]. [2024 – 03 – 24]. https://ria.ru/20020418/120491.html.

③ Президент России. Послание Президента Российской Федерации от 10.05.2006 г. б/н Федерации [EB/OL]. [2024 – 03 – 24]. http://www.kremlin.ru/acts/bank/23819.

才能真正从中获取利益。因此，只有当各项条件符合自己的利益时，俄罗斯才会最终决定加入世界贸易组织。可见，关于俄罗斯加入世界贸易组织问题，普京是经过深入考虑的。加入世界贸易组织是为了更好地发展俄罗斯经济，实现国家利益最大化。如果加入世界贸易组织，不能实现俄罗斯国家利益最大化，那么俄罗斯就失去了加入世界贸易组织的动力和意义。换句话说，加入世界贸易组织只是实现国家利益的手段或途径，并非纯粹的终极目标。

最后，在借债问题上，普京依然以国家利益至上为准则，量力而行。普京认为，只有国家真正需要，且弄清楚了借来贷款的用途和未来偿还途径，才可以借债。不问用途，不明偿还途径地盲目借债只会加重俄罗斯经济发展的负担①，这不符合俄罗斯的国家利益，要坚决制止。而与借债问题不同的是，在吸引外资问题上，普京的态度要积极得多。在普京看来，俄罗斯经济发展需要大量的资金支持，而单靠俄罗斯自身的资金积累是远远不够的，同时俄罗斯社会经济发展的需求不容许俄罗斯有足够的时间等待本国资金的积累，尽一切可能合理使用外资为俄罗斯经济发展提供资金支持，符合俄罗斯的国家利益。

（四）民生优先，切实让国民分享到改革的积极成果

苏联解体以及叶利钦的“休克疗法”改革并没有给广大的俄罗斯民众带来切实的实惠，反而使他们的生活每况愈下。据相关统计，“俄罗斯人的货币总收入还不到美国人收入的10%……健康状况和平均寿命等一些重要的生活质量指标也都在下降”②，如“俄罗斯人平均寿命

① Владимир Путин. Какую Россию мы строим [EB/OL]. [2024 - 03 - 24]. https://docs. cntd. ru/document/901764271.

② Владимир Путин. Россия на рубеже тысячелетий[N/OL]. Независьмая газета, 1999 - 12 - 30. http://www. ng. ru/politics/1999 - 12 - 30/4_millenium. html.

比美国人短 12 年，比波兰人短 8 年，比中国人短 5 年”[①]。糟糕的生活状况使俄罗斯民众不再对政府改革抱有幻想，有的被迫离开家园到国外谋求发展，有的整日沉浸在对以往美好生活的回忆和懊悔中，昔日大国的自豪感转眼间灰飞烟灭。民众消极的态度弥漫了俄罗斯社会，严重影响了俄罗斯社会的稳定和发展。普京对此十分关注，并在多个场合发表了具有针对性的讲话。如普京总统在 2002 年的国情咨文中提到：“应该让每个公民都能通过自己的口袋切实感受到改革成效。”[②] 他在 2004 年的国情咨文中指出：“俄罗斯的公民是国家竞争力的资本与源泉，要想使国家富强，就必须先尽一切努力使每个人有正常的生活，只有安居乐业的国民才能创造更多、更好的财富，才能创造出一个新国家。”[③] 在 2007 年的国情咨文中，普京进一步指出：“只有当我们的国民看到、感受到并且相信国家的全部努力是为了保障他们的切身利益——改善他们的生活，增加他们的福利和安全感的时候，只有当他们能为祖国而自豪的时候，我们的国家才能在世界上占据应有地位，我们才能维护我们的国家体制和主权！”[④] 由此可见，优化民生，切实让俄罗斯民众分享到改革成果的理念已经深入普京的经济发展战略。

此后，伴随着俄罗斯经济状况好转，普京的这一经济发展战略也逐步落到实处。首先，加大对基础医疗的投资力度，建立基础医疗卫生体系，让更多民众在家门口就可以享受到质高价廉的医疗服务。其次，加大对初级、中级教育的资金投入力度，同时积极鼓励高等科研院所的科研创新工作。再次，加大对普及型适用住房建设投入，切实改善民众的

---

① 陆南泉．苏联经济体制改革史论：从列宁到普京［M］．北京：人民出版社，2007：777.

② Владимир Путин. Послание Президента РФ Федеральному Собранию Российской Федерации（полный текст）［EB/OL］．［2024－03－24］．https://ria.ru/20020418/120491.html.

③ Владимир Путин. Полный текст Послания Президента Федеральному Собранию Российской Федерации［EB/OL］．［2024－03－24］．https://docs.cntd.ru/document/901899013.

④ 冯玉军．展示的不仅是肌肉［J］．世界知识，2007(18)：16－19.

住房状况，同时尽可能地通过政策调整，让普通民众通过积蓄和贷款购买属于自己的房产。最后，加强对农业领域的投资，努力提高农民的生活水平。值得指出的是，上述这些改善民生的政策，不仅让俄罗斯民众切实分享到了改革的成果，增强了对政府改革的信心，而且国家对民生领域的大笔投资相应地拉动了国家的内需，这必将反过来促进俄罗斯的经济发展，形成有效的良性循环。

（五）小结

早在1999年底，普京就公开表示，将“领导俄罗斯真正走向一条既不盲目信奉自由主义，也不重新推行共产主义的‘第三条道路’，……也只有将市场经济和民主制的普遍原则与俄罗斯的现实有机地结合起来，我们才会有一个光明的未来”。① 回首普京执政的8年，俄罗斯发生了翻天覆地的变化，基本走出了“休克疗法”的阴影，并沿着“第三条道路”继续向前推进。普京的“第三条道路”理论可以用这样一个恒等式概括，即“第三条道路 = 市场经济 + 俄罗斯社会现实 + 强国富民”。恒等式中的“市场经济”，主要是指普京时代的俄罗斯依然奉行走市场经济发展道路，这是对叶利钦建立市场经济国家主张的一种继承，同时在如何向市场经济国家迈进问题上，两者又有着不同的认识，普京主张放弃叶利钦时代奉行的激进式转轨方式，认为就俄罗斯当前情况而言，渐进式转轨方式更适合俄罗斯。恒等式中的“俄罗斯社会现实”，主要是指俄罗斯进行的改革要充分考虑到俄罗斯社会和公民的承受能力，从俄罗斯的实际情况出发，切实制定有针对性的改革措施，不能盲目地为了改革而改革。恒等式中的“强国富民”，主要是指要积极提高俄罗斯民众的生活水平，切实将改革成果与民众分享，国家强大与人民富裕生活同样重要，它们同样是俄罗斯改革的最终目标，

① 普京．普京文集：文章和讲话选集[M]．北京：中国社会科学出版社，2002：6.

而市场经济只是为实现这一目标采用的手段和途径，俄罗斯社会现实则是改革发起的立足点。

四、“梅普组合”时代：优化经济结构向俄罗斯现代化迈进（2008—2010 年）

2008 年 5 月 7 日 12 时，梅德韦杰夫从普京手中接过了象征总统权力的标志——总统旗、特制俄罗斯联邦宪法文本和“祖国功勋”一级勋章，正式成为继叶利钦、普京之后的俄罗斯第三位民选总统。普京则出任政府总理，为自己昔日的手下当起了助手。由此，俄罗斯迎来了“梅普组合”的新时代。“梅普组合”的内涵在于，首先，梅德韦杰夫和普京联手掌控俄罗斯政局，形成了世界罕见的最高权力运行方式。其次，“梅普组合”的政治基础是俄罗斯依然沿着“普京计划”探索前行。在此需要强调的是，“梅普组合”接手的俄罗斯早已不同于往日，经历了两位总统近 16 年的改革，俄罗斯不再是当初那个传统中央计划经济体制已经被摧毁、新的市场经济体制尚未建成的混乱不堪时代，也不再是为苦苦克服“休克疗法”后遗症而努力寻求良方的时代。如今的俄罗斯在经历了“改革的阵痛”后，已然是市场经济体制初定，国民经济多年保持高速增长的局面。新的局面决定了“梅普组合”必将站在更高的起点审视俄罗斯未来经济转轨的道路。同时，我们还看到，梅德韦杰夫担任总统时期，普京总理的政治影响并没有减弱，“普京计划”在这期间依然发挥着俄罗斯经济发展战略灯塔的效用。与此同时，梅德韦杰夫在“普京计划”的基础上提出了自己的治国思想，即实现俄罗斯现代化，并且这一思想被逐渐上升到战略性的高度。为了践行这一思想，梅德韦杰夫提出了相应的措施。

（一）转变经济增长方式，创建新的经济形式

虽然俄罗斯在数十年的经济转轨进程中取得了显著的成绩，市场经

济局面已然形成，私有化基本完成，但只是基本解决了俄罗斯作为市场经济国家而不是计划经济国家的问题，并未涉及解决俄罗斯如何实现经济可持续发展等经济转轨的深入问题。俄罗斯作为能源大国，长期依赖资源消耗，奉行粗放型经济增长方式和资源发展方式，其产品附加值不高，在国际市场上并不具有竞争力。2008 年的国际金融危机使俄罗斯经济遭到重创，俄罗斯付出了比其他国家高得多的代价。痛定思痛，梅德韦杰夫在其 2009 年国情咨文中明确指出："必须从过去的事件中吸取教训。当石油价格上涨的时候，诸多问题被掩盖，所有人都存在幻觉，似乎经济结构调整可以再缓一缓，以便充分利用现有的价格优势。事实上，俄罗斯不能再在此问题上拖延，不应再单纯提高'旧'经济的增长，而在技术创新领域只采取一些单独的、非系统的措施，俄罗斯必须在所有生产力领域开始现代化和技术革新，这是关系到俄罗斯在当今世界实现复苏的问题。"① 由此可见，梅德韦杰夫已经将转变经济增长方式这一问题提高到战略性的高度。关于转变俄罗斯经济增长方式，变粗放型经济增长方式为集约型经济增长方式，变资源耗费型发展方式为创新型经济发展方式，普京早在第二届总统任职期间就提出过，且本书在前文已有相关论述。梅德韦杰夫接任总统后继续强调这一问题，并将其视为经济发展战略的重点，一方面说明了俄罗斯经济发展已经进入了更深的层次，需要进一步优化经济结构；另一方面验证了"梅普组合"时代的俄罗斯并没有因为总统的更换而偏离"普京计划"，相反，"普京计划"会在"梅普组合"时代继续发扬光大。

（二）实现技术现代化

梅德韦杰夫提出的"实现技术现代化"思想与普京提出的创建

---

① Дмитрий Медведев. Послание Федеральному Собранию Российской Федерации[EB/OL]. [2024－03－26]. http://www. kremlin. ru/events/president/transcripts/5979.

"创新型经济"思想是一脉相承的。两者都看到了科学技术在俄罗斯未来经济发展中的重要作用，并都希望借此实现俄罗斯经济可持续发展的目标。对于实现俄罗斯的技术现代化，梅德韦杰夫还提出了五个优先发展的领域，并专门成立总统委员会制定相关的措施和实施计划。其主要内容包括：第一，发展医疗技术和制药工艺，推进药物尤其是昂贵药物的国产化进程；第二，节能减排，提高效能，向合理利用资源方式转变；第三，加强对核能的研究和应用；第四，发展宇宙空间技术和拓展电信业务；第五，发展信息技术，尤其是要挖掘大型超级计算机、超级计算机网络以及高速数据传输通道的潜力。① 应该说，实现技术现代化这一方针在俄罗斯已经进入落实阶段，并已初见成效。对此，梅德韦杰夫总统在其2010年的国情咨文中给予了说明："我们在高技术发展方面取得了一定的成绩。比如说，我国核能行业恢复了成批建设，每年都能有核设施投入运行。现在国内在建的有9个发电机组，在印度、伊朗、中国和其他一些国家也在落实一些项目。3年来，核机械制造工业的订单增加了9倍，与2005年相比增加了24倍。……今天，11个俄罗斯系统已经跻身超级计算机世界500强。明年俄罗斯'罗蒙诺索夫'超级计算机的功率将提高1.5倍以上，成为世界上功率最大的计算机之一。年底前最终落成'格洛纳斯'卫星集团，未来两年将绘制完成基本的数字导航图并开始使用卫星导航系统。现在'格洛纳斯'的资源将为大范围使用提供服务。"② 由此，我们不难看出，俄罗斯已将技术现代化纳入国家发展战略行列，并逐步深入地践行国家技术现代化的战略目标。

---

① Дмитрий Медведев. Послание Федеральному Собранию Российской Федерации[EB/OL]. [2024-03-26]. http://www.kremlin.ru/events/president/transcripts/5979.

② Дмитрий Медведев. Послание Президента Российской Федерации от 30.11.2010 г. б/н [EB/OL]. [2024-03-26]. http://www.kremlin.ru/acts/bank/33028.

（三）对国有经济实施现代化

普京任职总统的 8 年时间里，俄罗斯国有经济的比重一直保持在其经济总量的 40% 左右，且这种比重在金融危机期间出现了上升趋势。对此，梅德韦杰夫认为，尽管保持相当比重的国有经济对俄罗斯经济的稳定发展起过重要的作用，但“国有企业计划在所有的领域都只是起着一种暂时的作用，是一种解决眼前问题的工具。就跟国家计划一样，只不过是一种手段”。① 由此，我们不难看出，梅德韦杰夫将对国有企业实施新一轮的改革，并将其视为实现俄罗斯现代化的重要内容。关于未来俄罗斯国有企业的出路，梅德韦杰夫认为：“那些根据法律临时履行某些工作的国有集团公司，在完成任务后应予以撤销，在商业和竞争环境中的国有集团公司应逐步转变为国家控股的股份制企业。再往后，除了必须保留的外，其他都应出售给私营投资者。……此外，必须对国有集团公司和有国家资本的大型企业实施独立的审计监督，在每个企业推行现代化的管理方式。企业管理者的薪酬直接与节能降耗、提高生产力、技术创新和应用挂钩。”② 与此同时，梅德韦杰夫积极推动实施国有企业新一轮改革。仅 2010 年，他就签署了将战略企业名单减少 80% 的命令。根据总统签署的命令，“政府通过了将大公司私有化的庞大计划”。③

（四）创造良好的科研环境，提升俄罗斯的科研能力

与普京一样，梅德韦杰夫也将科研创新视为实现俄罗斯经济走可持

① 斯瓦尼热．大国思维：梅德韦杰夫总统访谈录［M］．外交学院俄罗斯研究中心，译．北京：法律出版社，2010：119.

② Дмитрий Медведев. Послание Федеральному Собранию Российской Федерации［EB/OL］.［2024 - 03 - 26］. http://www.kremlin.ru/events/president/transcripts/5979.

③ Дмитрий Медведев. Послание Федеральному Собранию Российской Федерации［EB/OL］.［2024 - 03 - 26］. http://www.kremlin.ru/events/president/transcripts/5979.

续发展道路的良方。为了提高俄罗斯科研创新水平，梅德韦杰夫制定了多项措施为俄罗斯的科研创新打造世界一流环境。主要包括以下几个方面：第一，建立吸引本国和外国的权威科学家，以及拥有科技成果转化经验的企业到俄罗斯开展工作的长效机制。为此，应简化世界著名高校学历在俄罗斯的认证程序，简化俄罗斯需要的外国专家到俄罗斯工作的相关程序，应以最快速度给予他们长期签证。第二，政府应通过选拔加大对高新技术研究机构的资助力度，在全国范围内寻找和遴选有价值的项目，给予包括中小企业在内的创新型企业资金支持。第三，在现代高校基础上成立企业科研中心，创造能够吸引著名科学家、工程师、设计师、程序员、管理和金融人员的条件，着力支持所有优先领域的发展。此外，在2010年俄罗斯总统国情咨文中，梅德韦杰夫针对这一问题再次指出，要让“一切有思想和符合规定标准的人的研究工作都应享受税收优惠和政府扶持。……未来3年我们打算拨款300亿卢布让重点大学和工业公司共同开展研究工作”。①

（五）小结

综上所述，“梅普组合”下的俄罗斯依然沿着“普京计划”继续前行，梅德韦杰夫和普京在治理国家经济发展战略方面有着较为一致的认识，同时梅德韦杰夫并没有因为普京出任总理而显得碌碌无为。他在任职期间，对“普京计划”进行了继承和发展的探索，提出了“俄罗斯现代化”的思想，并积极实践该思想，且取得了初步成效。在梅德韦杰夫的“俄罗斯现代化”战略中，许多想法与“普京计划”有着相似之处，如转变经济增长方式、调整经济结构、创建创新型经济等。因此，可以说，梅德韦杰夫的“俄罗斯现代化”思想是对“普京计划”

① Дмитрий Медведев. Послание Федеральному Собранию Российской Федерации[EB/OL]. [2024-03-26]. http://www.kremlin.ru/events/president/transcripts/5979.

的继承和发展，同时这种继承和发展并非空穴来风，而是从当前俄罗斯经济发展的现实出发的。叶利钦、普京两位总统解决的仅仅是俄罗斯浅层次的问题，尚未来得及和有能力触及俄罗斯经济发展更深入的问题，而这正是留给梅德韦杰夫的任务。从叶利钦到普京再到梅德韦杰夫，俄罗斯三位民选总统的正常更替，一方面说明了俄罗斯经济转轨进程具有一定的连续性，三位总统在各自的任期内完成了俄罗斯经济转轨不同时期的历史任务；另一方面说明了俄罗斯经济转轨进程已经不再停留于经济的表面特征，而是到了更深入的层次。

第三节　越南由计划经济向市场经济转变的进程

20世纪七八十年代，越南开始逐渐摆脱苏联模式的束缚，踏上由计划经济向市场经济转轨的征程。这一转变不仅是对越南经济体制的根本性变革，也是越南共产党和越南人民对社会主义发展道路不懈探索的集中体现。在这一过程中，越南结合自身的国情和文化传统，充分吸收和借鉴国内外经济转轨国家的经验教训，积极探寻具有越南特色的经济转轨之路。本节将从经济革新的探索、经济革新的突破、经济革新的深化、经济革新的新阶段四个时间段出发，对越南由计划经济向市场经济转变的过程进行梳理，努力绘就一幅越南经济转轨画卷。

一、经济革新的探索（1979—1986年）

早在越共六大正式决定推进越南由计划经济向市场经济转变，实行市场经济改革之前，越南就已经对定向市场经济进行了相关有益的实验并取得了一定成果。具体来说，越南革新开放之前对经济革新的探索主要分为两个阶段。

（一）"新经济政策"时期

进入20世纪70年代末期，越南逐渐陷入经济危机的泥潭不能自拔，整个国家处于生死存亡的紧要关头。为了挽救国家于危难之中，1979年，越共邀请了多位苏联专家赴越讲授列宁的"新经济政策"，上百位越共的中、高级干部接受了列宁"新经济政策"的培训。显然，越共是想通过学习和借鉴列宁的"新经济政策"，探索适合本国特色的经济发展方式。1979年，越共四届六中全会召开，大会提出将逐步"针对农业、工业、分配流通等领域实施改革，推行新的经济政策。这与苏联20年代列宁的新经济政策同名，实施的背景和政策的内容也有相似之处。因而人们通常也把越共四届六中全会以来推行的一系列经济政策称为'新经济政策'"。[①]"新经济政策"的主要内容包括："在农业领域，提高谷物收购价格，放慢集体化步伐，逐步推行最终产品承包制，鼓励集体和个人饲养猪、牛、鸡等促进畜牧业的发展，并允许农民将某些产品运往城市出售。在工业领域，全面实行计件工资制，扩大工厂、企业和地方对生产经营的自主权；适当加强经济管理工作，逐步克服官僚包办的管理体制；允许开办私人企业，雇用20个工人以下的自筹原料的小型企业，可以自行生产和出售产品。"[②]

"新经济政策"的实施使得越南经济初现生机。这主要表现在以下几个方面：首先，越南粮食生产获得了大幅提升。自从实施农业包产到户以后，农民的生产积极性得到了空前的提高，粮食产量也因此几度大幅攀升。1981—1984年，越南人均粮食占有量从268千克提高到了300多千克。其次，越南水产、畜牧饲养业得到了恢复和发展。1983年，越南水产业产量比1982年增加15%，达到了71.6万吨；生猪、水牛、

① 古小松．越南1979—1986年的新经济政策与同步改革[J]．东南亚纵横，1990(3)：46－50.

② 梁宏，等．变革中的越南朝鲜古巴[M]．深圳：海天出版社，2010：34.

黄牛、家禽的数量获得了大幅增长，分别比 1982 年增加 3%、3%、8%、6.2%。再次，越南工业生产实现止跌回升。自越南在工业领域实施了以扩大自主权为核心的改革措施后，无论是企业自身，还是企业员工，工作积极性都得到了提高，工业产值也得到了较为快速的增长。从 1981 年开始，越南工业生产不仅遏制了下滑的趋势，还连续两年实现了年均 11.8% 的增长，占据越南工业产值半壁江山的小手工业 1982 年的产值也比 1981 年增长 33.7%。最后，越南经济实现了连续增长。1981—1983 年，越南工业产值平均增长率为 11.8%，国民收入平均增长 7.8%；1984 年，越南工业产值较 1983 年增长 7.5%，国民收入较 1983 年增长 5.5%。

（二）价格、工资、货币实行同步改革

"新经济政策"在给越南经济带来一线生机的同时，也给越共领导人带来了无限期望。为了尽快获取更多的改革成果，1985 年 6 月，越共五届八中全会作出了有关价格、工资、货币实行同步改革的决议。该决议要求从下半年开始在全国范围展开以废除"官僚集中包给制"为目标，在价格、工资、货币三个领域实施同步改革。这次改革的主要内容包括：首先，在价格领域，实现多元化价格向一元化价格转变。长期以来，越南价格领域存在着多类标准。如国家牌价、指导价格、自由市场价格等。此次国家价格改革要求在一段时间内完成国家牌价、指导价格、自由市场价格向单一价格过渡，改变越南长期以来价格混乱的局面。其次，在工资领域，推动由"少量货币 + 实物供应"的旧工资制度向全部发放货币的新工资制度转变，克服实物配给中的平均主义，提高劳动者的工作积极性。最后，在货币领域，停止使用和回收旧货币，发行新货币，抑制日益膨胀的通货压力。

应该说越共发起此次"同步改革"的愿望是良好的，然而事与愿违，"同步改革"不但没有继"新经济政策"后将越南经济发展推向一

个更高的层次，反而断送了此前改革的成果，再次把越南经济推向了崩溃的边缘。这主要表现在以下几个方面：首先，价格改革导致全国物价水平整体大幅提高。以大米、猪肉价格为例，分别由原来 0.45 越南盾/千克、3.8 越南盾/千克增加到 40 越南盾/千克、320 越南盾/千克。这些价格已然接近自由市场价格。其次，货币化发放工资的新工资制度，依旧没有消除平均主义的弊病。这主要是因为，在新的工资发放制度中，仅仅是将旧的工资发放制度中实物发放部分折算兑换成等价的货币发给劳动者，这样劳动者的工资组成就由原来“少量货币 + 实物发放”的形式变成了“少量货币 + 与原来所发放实物等价的货币量”形式。在此，只是劳动者获取实物的方式发生了变化，即由国家统一配给变成自己用货币购买，此外再无其他实质性改变。同时，劳动者手中的货币量增加，而市场上商品的供应又得不到保障，从而抬高了物价，导致国家出现通货膨胀。最后，货币改革从一开始就遭到失败。由于政府规定 10 个旧越南盾可以兑换 1 个新越南盾，且“每个居民应在 12 小时内清点所有旧币，向国家申请，过时不报者作废。每人可以兑换 1.5 万个旧越南盾，每户可兑换 2 万个旧越南盾，多于此数的钱交银行保管”。①加之货币改革的计划事先遭到外泄，为了避免手中的余钱被国家以莫须有的名目没收，越南民众开始大肆抢购商品、兑换美元，期望能够以此对抗国家的货币改革。越南经济也因此陷入混乱状态，通货膨胀率由改革前年均 50% 猛增到年均 700%，物价成倍往上递增，很多企业因原材料涨价而被迫缩减生产计划甚至停工，大批工人不得不自谋生路。据法国《观点》报道，“为了谋生，每人要干两种甚至三种职业。大学教师在马路边修理自行车，人民军上校在骑楼上养猪，工厂女厂长业余时间在家里替人缝补衣服，女工人做小买卖已是普遍现象”。显然，越南经

① 张训常．前越共总书记阮文灵的改革思想[J]．世界经济与政治，1998(10)：72－76.

济已经因“同步改革”再次陷入危机，“同步改革”已无法再继续进行下去。1986年初，越共被迫中止了“同步改革”。

综上所述，从1979年到1986年，越南先后展开了以“新经济政策”和“同步改革”为主要内容的阶段性市场机制试验。值得指出的是，越共“新经济政策”中的诸多措施导致了市场机制开始“入侵”越南经济，而这种“入侵”却在一定程度上推动了越南经济的发展，同时，“新经济政策”中的诸多措施依然停留在对计划经济体制的小修小补上，并没有触及计划经济体制的根本，诸如所有制等核心问题尚未涉及。越南“新经济政策”的局限性注定了它发挥自身效用的临时性。如我们上面提到越南1984年工业产值和国民收入的增幅问题，尽管1984年较1983年仍有增长，但其增幅明显低于前几年。正如越南学者指出：“凡是能够做到的，我们都已做到了，甚至有些地区、有些时候已做得过火，而按理是应该适可而止的。不要希望农渔产量再按前几年的速度增长下去，除非再有新的因素。”① 而随后展开的“同步改革”是越共在没有充分估计到整个社会对价格、工资、货币三方同步进行改革的承受能力下，贸然进行的一次向传统计划经济体制发起进攻的试验。“同步改革”中对传统计划经济体制提出了诸多更具建设性意义的措施，如变多元化价格体系为一元化价格体系，变以实物发放为主的工资制度为以货币发放为主的工资制度等。但是，由于在改革进程中，越南政府盲目求快、脱离实际，加之政府调控不力等因素，“同步改革”最终还是破产了。尤其是其中的货币改革，是导致越南经济再次陷入危机的祸根。这次货币改革几乎与突破传统计划经济体制没有瓜葛，它的“多于此数的钱交银行保管”的规定实际上是国家以行政手段，强行回收越南民众手中因此前一系列改革积攒的大量货币的一种行为。从这一

① 古小松．越南1979—1986年的新经济政策与同步改革[J]．东南亚纵横，1990(3)：46－50.

点来看，这次货币改革更像是越共向定向的市场经济探索的一个急刹车。与此同时，我们还应该看到，越南在革新开放前进行的“新经济政策”改革和“同步改革”虽然问题百出，但毕竟是越南对传统计划经济体制壁垒发起的首次进攻。“生产正在‘膨胀’起来，……官僚集中包给机制正被民主集中、经济核算和社会主义经营的新机制所取代。”① 总之“新经济政策”和“同步改革”是越南正式开始革新开放之前的有益探索，为后来的革新开放事业积累了宝贵的理论和实践经验。

二、经济革新的突破（1986—1991 年）

“同步改革”的失败把越南经济搞得一团糟。到了 1986 年，越南国内通胀率已高达 774.7%，越南人均收入也只有 100 美元。在此情况下，社会上开始出现消极现象，越南民众也开始逐渐怀疑越共的执政能力，整个国家险象环生。此时的越南已经走到了非改革不可的地步。1986 年 12 月，越共六大召开，选举阮文灵担任下一届越共总书记。时任越共总书记长征代表越共对过去几年，特别是经济工作中的错误进行了认真的反思，并在报告中承认这些“错误是持续长时间的主张、大政方针的严重性错误，是战略指导和组织实施的错误。……在思想领域，已暴露出在理论和运用过渡时期各项活动规律认识上的落后……我们存在不正确的成见，实际上没有真正承认客观上还存在的商品生产规律，因此没有注意运用它到制定各项经济主张和政策中。没有充分注意总结自己的实践经验和研究各兄弟国家的经验”②。这实际上是与过去越南所走的路线划清了界限。与此同时，越共六大决定继续推进经济改

① 古源洋．越南革新的历史沿革：经验与教训[J]．马克思主义研究，2009(10)：42－51.

② 越南共产党第八届全国代表大会文件[M]．河内：国家政治出版社，1996：10.

革，把党和国家的工作重心转移到经济建设上来，并适时提出了“三大发展计划”，即优化生产结构，调整投资结构，促进粮食和食品、消费品、出口产品的生产。“‘三大发展计划’是1986—1990年社会经济任务的核心，在当前情况下，它不仅具有重要的意义，而且对今后社会主义工业化发展也是必不可少的条件。为了执行‘三大发展计划’，必须高度集中和动用国民经济的一切力量。重工业、交通运输业以及其他经济、文化、社会部门和地方都必须首先集中一切物资力量，集中领导和指导来实施三大计划，坚决把那些不迫切需要的项目停缓下来。”① 此外，越共六大报告正式提出了“按照市场机制运行的，由国家管理的，坚持社会主义方向的，多种成分的商品经济”国家改革发展总路线。自此，越南开始了经济转轨和社会转型的新的历史时期。

我们说越共六大是越南经济转轨和社会转型的起点，还有一个重要原因是，越共六大基本解决了越南在推进经济改革中遇到的理论疑惑，或者说是为越南继续推进经济改革扫清了理论上的障碍。这主要是因为以下几点：首先，越共六大对越南所处社会发展阶段做了明确界定。越共六大首次明确指出越南目前正处于社会主义过渡时期的初级阶段，具有经济基础差、生产力不发达、多种经济成分并存、绕过资本主义发展阶段直接由小生产向社会主义过渡的特点。正是这些特点决定了初级阶段余下时间的总任务和总目标是全面稳定社会经济形势，为下一阶段的社会主义工业化建设创造必要的前提。其次，越共六大对越南社会经济成分做了明确阐释。越共六大明确划分了越南目前的经济成分。越共六大报告指出，在越南占主导和支配地位的经济成分是社会主义经济，这包括国营经济和集体经济，其中又以国营经济占主导和支配地位。同时，除社会主义经济外，越南还存在其他经济成分。例如，小商品生产

① 古小松．越共六大后的越南经济改革[J]．东南亚纵横，1990(4)：34－39.

经济、私人资本主义经济、国家资本主义经济。此外，在少数民族等边远山区还存在自给自足的自然经济。最后，越共六大对商品经济重新进行了认定。越共六大报告指出，在从小生产向大生产迈进的过程中，其实还存在着很多自给自足性质的经济转化为商品经济的过程。越南正在管理有过渡时期特点的有计划的商品经济生产。从越共六大报告的内容来看，越共已经认定本国经济是有计划的商品经济，越南正在从事有计划的商品经济生产。

越共六大闭幕以后，越共为配合改革发展总路线又提出了一系列涉及农业、工业、价格、金融、税收等领域的相关改革措施。例如，在农业领域规定，越南全面实行土地彻底承包到户的制度，农民承包土地的期限为 10 ~ 15 年；在价格领域规定，由价格双轨制逐渐过渡到市场统一定价；在金融领域规定，对中央银行的业务进行划分，组建专业性银行。此外，改革汇率制度，变复式汇率为统一汇率，同时实行浮动汇率制度。这一系列经济革新措施，为越南经济注入了活力。其间，越南经济也实现了持续增长。据统计，1986—1990 年，越南国民收入增长 21.0% ，年均增长率为 3.9% 。[①]

值得指出的是，这些经济革新政策尽管被实践证明了有利于推动越南经济发展，但其在执行过程中遇到了相当大的阻力。因此，越南在这个时期的经济革新仍然处于探索和徘徊阶段。

三、经济革新的深化（1991—2001 年）

在经历了市场机制的探索和突破以后，自越共七大开始，越南逐渐摆脱了“要不要实行革新开放”问题的纠结，开始大踏步向市场经济

① Vietnam's Economic Construction Development Periods: The Years of Economic Renovation (1986—1995) [EB/OL]. 越南共产党官方网站, http://www.cpv.org.vn.

改革迈进，并找到了适合本国特色的“社会主义定向的市场经济”发展道路。

1991 年 6 月 24—26 日，越共七大在河内召开，大会通过了《向社会主义过渡时期国家建设纲领》《社会经济稳定与发展战略》等文件，并选举杜梅担任新一届越共中央总书记。越共七大肯定了越共六大以来国家经济改革取得的成就，并对市场机制的作用给予了较高的评价。报告指出：“经济革新的另一个成就是，初步形成了在国家管理下按照市场机制运作的多种成分的商品经济。”① 越共七大在肯定越共六大以来越南革新取得成就的同时，还为越南今后的经济发展指明了方向。时任越共中央总书记阮文灵在越共七大政治报告中多次强调要“继续完善新经济管理机制，……发展以国营经济、集体经济为主的多种经济成分并存的商品经济”。“今后，越南在对外经济方面将更加放宽政策和讲究实惠”，“积极开展对外经济关系，寻求新的外援和经济合作，为逐步将国内经济纳入世界经济的行列创造条件”。② 此外，为了确保革新政策在今后相当长的一段时间内能够有效实施，越共七大建议将革新开放政策写入宪法。1992 年 4 月，越南颁布了修订后的新宪法，该宪法第十五条将越南的经济体制表述为“在国家管理下朝社会主义方向运行的市场机制调节的多种成分商品经济”。至此，越共七大彻底扫除了越南经济革新进程中的思想障碍。越共七大以后，越共针对农业、工业、商业、金融领域继续提出了相应的整改措施。如在农业领域规定，在坚持“土地全民所有制”前提下，农民承包土地的使用年限可长达 15～50 年；在工业领域规定，对国有企业实施改革，并努力将国有企业打造成市场经济的主体，同时积极鼓励发展私营企业，进一步提升私营经济的比例；在商业领域规定，今后除电力、汽油、化肥等少数战略

① 越南共产党第七次全国代表大会文件[M]. 河内：真理出版社，1991：21.

② 王理云. 越共“七大”后的政策走向[J]. 国际展望，1991(14)：12.

物资实行国家统一定价外，大部分商品价格由国家统一定价改为市场调价；在金融领域规定，推动银行业的发展，在中央银行的领导下，允许多种经营形式的银行并存，同时实行国家监管下较为灵活的汇率政策。越共七大及随后颁布的一系列相关经济革新措施，为越南进一步发展市场经济提供了政策保障，此后，越南的经济革新进入一个较为快速的发展阶段。

1996 年 6 月 28—30 日，越共八大召开。杜梅继续当选为越共中央总书记。越共八大对越共七大以来决议的执行情况进行了回顾和审议，并在此基础上对国家十年革新开放进行了经验总结。大会认为，过去十年的革新开放历程取得了显著的成就。从 1991 年到 1995 年，越南经济年均增长速度高达 8. 2% ，通货膨胀率也得到了有效抑制，已由 1990 年的 67. 0% 下降到了 1995 年的 12. 7% 。与此同时，越南的粮食生产也获得了快速发展。曾经需要进口粮食来弥补国内粮食不足的越南，经过十年的革新开放，如今生产的粮食不仅能满足国内的需求，还能每年出口 200 万吨大米。显然，越南已经摆脱了长期以来的危机状态，并开始逐步探索适合本国特色的革新开放之路。越共八大对越共六大、七大以来实施的革新开放路线给予了高度评价，并指出越南实行革新开放“基本是正确的，是符合社会主义发展方向的，应牢牢坚持这一路线，并不断地研究、实践和总结经验教训，进行必要的调整、补充和发展，使我国的革新事业取得更加辉煌的胜利”。① 此后，在越共八大精神的指导下，越南的革新开放又出现了一些新动向。这主要表现在以下几个方面：首先，越共八大对革新开放的目标做了进一步确定。越共八大认为，当前越南革新开放应该以“促进工业化、现代化，实现民富、国强、社会公平、文明，稳步进入社会主义”为目标。很显然，“越南新

① 刘世亮，唐元. 越共“八大”后越南政治经济和外交走向浅析[J]. 国际展望，1996(14)：6－7.

的改革阶段就是要使经济迅速转为现代发展型经济，建立社会主义的基础，使国民经济超越资本主义阶段，直接进入向社会主义过渡的时期”。① 其次，关于越南市场经济的界定。越共八大认为，越南的市场经济应该是在社会主义国家管理下的现代市场经济。显然，在由计划经济向市场经济转变的进程中，越南非常注重社会主义方向，并强调国家监管的作用。为了保障越南市场经济的社会主义方向不发生偏离，越共八大提出：第一，继续深化国有企业改革，并使其获得增长，成为国民经济的支柱；第二，充分发挥银行在国民经济发展中的有效职能，保障国有经济的主导地位；第三，加强国家宏观调控的职能；第四，在积极吸引外资的同时，要保障本国经济的独立性。再次，关于农业改革领域。继续深化农村的土地承包责任制度，进一步提高农民对土地的处置权，并以法律的形式加以保护。最后，在金融领域，继续推进汇率制度的改革。实现越南汇率制度由“有管理的灵活的”向“广泛灵活的”汇率制度转变，进一步缩小与国际市场汇率的差距。

综上所述，从越共七大到越共八大，越南的经济革新沿着“社会主义国家管理下的现代市场经济”道路继续向前推进。而越南经济革新的步子越迈越大，政策触及的范围越来越广、越来越全面，政策的制定也越来越切合实际。越南的革新开放进程已然从改革的徘徊阶段进入了深化发展阶段。

四、经济革新的新阶段（2001—2010 年）

（一）越共九大

2001 年 4 月 19—22 日，越共九大召开。作为进入 21 世纪以来的越

① 杨然．越共“八大”以来改革开放的新动向[J]．东南亚纵横，1997(4)：27－30.

共首次全国代表大会，又恰逢越共成立 70 周年和越南革新开放 15 周年，越共九大的召开意义非凡。越共九大全面分析和总结了过去 5 年和革新开放 15 年的经验教训，肯定了越共六大、七大、八大以来越南经济革新取得的成就。越共九大报告还进一步指出，“1990—2000 年是越南实施经济社会稳定发展战略的 10 年。结果显示，2000 年的 GDP 比 1990 年翻一番，达到预期目标。经济社会的基础加强，生产能力提高。从粮食、日用消费品缺乏到供大于求，从官僚集中包给制到社会主义定向的市场经济，从主要为两种经济成分到存在多种经济成分。……对比 10 年前，越南国力明显增强”。[①] 在肯定取得成就的同时，越共九大也指出了越南当前面临的问题，并将这些问题归纳为“四个危机”，即“与同一区域和世界上的许多国家相比，越南在经济上还滞后很远；偏离社会主义方向；腐败和官僚主义；敌对势力仍在妄图‘和平演变’越南”。[②]

越共九大在总结越共成立 70 周年和越南革新开放 15 周年经验教训的基础上，审议并通过了《发挥全民族的强大力量，继续革新，推进工业化、现代化，建设和保卫社会主义祖国越南》《2001—2010 年经济社会发展战略》《2001—2005 年 5 年经济社会发展计划的任务和方向》三份重要文件。这三份文件事关越南未来的发展，为越南经济革新的进一步深化做好了准备。越共九大以来，越南经济革新取得了进一步的发展。具体表现在以下几个方面：

首先，诠释越南经济革新的目标是建立社会主义定向的市场经济。越共九大报告指出：“我们党和国家一贯提倡长期实行社会主义定向的按市场机制运行的政府管理的多种经济成分的商品经济，简称为社会主

---

① 古小松．越共九大报告提前曝光：越共九大政治报告（草案）的主要内容［J］．东南亚纵横，2000（10）：12－15.

② 范宏贵．以革新为主题的越共“九大”［J］．当代世界社会主义问题，2001（3）：79－81.

义定向的市场经济。”值得指出的是，尽管从1986年甚至更早，越南就开始了实际上是关于市场经济的探索，但是越共始终没有明确提出“市场经济”一词，而是往往使用“市场机制”一词。经历15年的革新历程，越共九大首次明确提出越南要走市场经济道路，这是在向全世界宣告：越南由计划经济向市场经济转变的趋势已不可逆转，今后越南将坚定不移地沿着这个方向走下去。与此同时，越共九大还对越南社会主义定向的市场经济作了严格界定：①社会主义定向的市场经济是以发展社会主义经济为目的的；②越南的经济尽管呈现出多种经济成分并存的局面，但仍然奉行以公有制为基础，以国有经济为主导的原则；③社会主义定向的市场经济主张市场与计划紧密结合，发挥计划调节的优势，实现市场经济在越南的扬弃。这显然是在宣告，越南走的市场经济发展道路，与资本主义国家的市场经济道路有着本质区别。

其次，所有制结构得到进一步调整和完善，各种所有制经济获得协同发展。关于社会主义定向的市场经济构成，越南十届国会十次会议通过的《宪法修正案》首次给予了明确的解释。该修正案指出，国有经济、集体经济、个体经济、小手工业者经济、私人资本主义经济、外资经济都是社会主义定向的市场经济的重要组成部分，同时进一步指出要积极推动各种所有制经济协同发展，共同为社会主义定向的市场经济健康发展创造良好的环境。为此，越共采取了一系列措施。①深化国有企业改革。建立现代企业制度，努力将国有企业培育成合格的市场参与者和竞争者。为了实现国有企业改革有法可依，越南还专门颁布了国有企业法，对国有企业改革进行了规范。②积极探索农村合作社发展的新形式，进一步推动集体经济发展。为此，越共九届五中全会还专门通过了《关于继续改革，提高经济效益，推动集体经济发展的决议》。随着相关决议的落实，越南集体经济尤其是合作社获得了较快的发展。2003年，越南的合作社约有30万个，比2001年增加了20%。③积极发展个体和私营经济。为此，越共九届五中全会通过了《关于继续改革，完善机制政策，鼓励并创造条件促进私营经济发展的决议》。在相关决议的落实下，越南的私营经济获得较快发展。2000—2003 年，越南新注册的私营企业有 62300 家，投资总额高达 74 亿美元。私营经济俨然成为越南经济发展的重要动力。④积极发展外资经济，为推动越南经济发展做贡献。越共九大首次将外资经济作为社会主义定向的市场经济的重要组成部分，为越南引进外资进行社会主义建设提供了理论支撑。

再次，产业结构的合理化程度有所提高。越南长期奉行苏联发展方式，结果导致第一、第二、第三产业发展严重失衡。越共九大以来，越共将产业结构调整作为工作重点，并取得了一定的成效。总体来看，第一产业比重稳中有降。2002 年，第一产业约占 GDP 的23%，比2000 年下降了 0.2%。第二产业比重在上升。2002 年，第二产业约占 GDP 的 38.7%，比 2000 年提高了 3.3%。第三产业比重出现了下降。2002 年，第三产业约占 GDP 的 38.3%，比 2000 年下降了 3.1%。此外，具体的各产业内部结构调整也取得了一定的成绩。比如，第一产业——农业：越共九大以后，越南积极推动传统农业向现代农业转变，鼓励开展科学种植，实现效率和效益双赢。第二产业——工业：越共九大以后，越南利用自身劳动力充足、国内资源丰富的优势，积极推动重工业和轻工业的发展。其中，纺织业、能源工业、油气工业得到了迅速发展，并逐渐成为越南出口创汇的重要来源。第三产业——服务业：越共九大以后，越南的金融、保险、证券行业得到了较快发展。“2002 年，越南各商业银行贷款余额同比增长 27.6%。2002 年，越南有 20 家上市公司，比 2001 年增加 9 家；在各证券公司开设账户 1.3 万个，比 2001 年增加 4000 个账户。从 2002 年 3 月 1 日起，胡志明市证券交易中心由过去每周 3 次交易增加至每周 5 次交易。2002 年，越南保险公司已增加到 17

家。2002 年，保险公司上缴财政 3000 亿越南盾，比 2001 年增长 29%。"①

最后，越南重点经济区获得了较快发展，同时其经济国际化程度得到逐步提高。为了吸引外资来越南投资，自越共七大以来，越南分别在北部、中部、南部地区设立了重点经济区。越共九大以后，越南加大了对这些重点经济区的支持力度，在不断优化重点经济区内的经济结构、积极引进高新技术产业的同时，还继续下放权力给重点经济区。同时，为了进一步吸引国际资本来越南投资，越南政府不断扩大重点经济区的规模。例如，2003 年，越南政府签署成立茱莱开放经济区的命令。茱莱开放经济区作为越南首个开放经济区，与以往重点经济区相比拥有了更大的自主决定权。按照越南政府规定，茱莱开放经济区可自行签发 4000 万美元以下外资项目的投资执照。关于外资项目落户，茱莱开放经济区办理相关手续事宜，茱莱开放经济区管委会实行"就地、一门、一章"制度，尽可能地提高行政审批工作效率，为外资企业提供便捷的服务。此外，在北方重点经济区，越南政府设立芒街经济特区。作为越南首个经济特区，芒街为外资企业提供了据称是"亚洲最优惠"的特殊政策。越南政府在积极吸引外资的同时，也十分重视国际经济合作，积极开展双边、多边经贸合作。另外，为加快与世界经济接轨，越南还积极筹备加入各级经济组织。例如，越南于 1995 年加入东盟，并于 2006 年实现了对东盟自由贸易区的承诺。与此同时，越南经过 12 年的"入世"努力，于 2006 年正式成为世界贸易组织成员。成功加入东盟，尤其是加入世界贸易组织，进一步提升了越南经济的国际化程度。

（二）越共十大

经过近 20 年的经济革新，越南已然旧貌换新颜。人均 GDP 从 1986

① 马勇．越共"九大"以来越南革新开放的新进展[J]．学术探索，2003(11)：41-45.

年不到200美元，发展到2006年接近700美元。产业结构得到了优化。农业、制造业、服务业占GDP的比重分别由1987年的40.6%、28.4%、31.1%，发展到2004年的21.8%、40.1%、38.2%。粮食产量猛增，越南由过去的粮食进口国变成如今世界主要的粮食出口国。在这种形势下，2006年4月18—25日，越共十大在河内召开。越共十大继续加大革新力度，并进一步推动了越南经济革新进程。主要包括以下内容：①越共十大报告肯定了越共六大以来越南经济革新路线，同时强调要不断推进社会主义定向的市场经济体制的建设和完善工作。②有效促进各种基本市场的运行。基本市场主要包括：商品和服务市场、财政市场、资本市场和证券市场、不动产市场、科技市场等。③推动所有制形式由三种基本所有制形式（全民、集体、私人）向多种所有制形式转变。同时，鼓励国有经济、集体经济、私人经济、国家资本主义经济、外资经济共同协调发展。④继续深化国有企业改革。通过完善各种机制，为国有企业创造出公平竞争的市场环境。⑤继续推动集体经济、个体经济、私营经济、外资经济的发展。⑥继续推动工业化和现代化进程，优化经济结构。⑦推进农村、农业工业化和现代化进程，加紧实施新农村建设计划。⑧促进第二产业的发展，同时重视区域经济，尤其是海洋经济的发展。[①]⑨首次明确提出允许党员搞私营经济，同时，对党员从事私营经济进行了严格的限定。越共十大报告指出："党员搞私人经济必须模范执行法律和国家政策，严格遵守党章和中央的有关规定，确保既能发挥党员搞经济的能力，又能保持党员和党的本色……但对于腐化变质的党员要及时清除出党。"[②] 除此之外，越共十大首次引入"越南共产党领导方式革新"作为正式议题，标志着越南开始进入经济革新、政治革新并举的新时期。

① 黄海敏．越共十大开启革新开放新时期[J]．瞭望新闻周刊,2006(19):52－53.

② 李家忠．越共十大和越南的革新开放[J]．马克思主义研究,2006(6):125－127.

（三）越共十一大

2011年1月12日，备受关注的越共十一大在越南河内召开。大会选举阮富仲为新一任越共中央总书记。此次大会以“继续提高党的领导能力和战斗力，发挥全民族力量全面推进革新事业，为到2020年把越南基本建成现代化的工业化国家奠定基础”为主题，同时审议通过了《社会主义过渡时期国家建设纲领》（简称“2011年纲领”）和《2011—2020年经济社会发展战略》两份文件，为下一个阶段越南革新开放指明了方向。

1991年，越共首次系统地制定了《社会主义过渡时期国家建设纲领》，数十年来，在这份纲领的指导下，越南经济社会发展取得了举世瞩目的成就，国家工业化、现代化的目标正在逐一落实，社会主义定向的市场经济体系不断得到完善，人民生活水平得到显著提高，国家综合实力得到提升，经济实现持续高速增长。“2001—2010年十年间，越南国内生产总值年平均增长7.2%，2010年国内生产总值是2001年的3.4倍，2010年越南人均GDP达到1168美元。”鉴于越南经济社会发展已然达到了一个全新水准，越共十一大对1991年颁布的《社会主义过渡时期国家建设纲领》重新进行了修订（“2011年纲领”）。相比较1991年颁布的纲领，“2011年纲领”补充了越南在向社会主义过渡过程中应该努力的方向。即“第一，要把大力推进国家的工业化、现代化与发展知识经济、保护资源环境结合起来；第二，发展社会主义定向的市场经济；第三，建设先进的、富有浓郁的民族特色的文化，提高人口素质、提高人民生活质量，实现社会的进步与公平；第四，保证国防巩固、国家安全与社会秩序的安定；第五，走独立、自主、和平、友好、合作与发展的外交路线，主动并积极地融入国际；第六，建设社会主义民主体制，落实民族大团结政策，加强和扩大民族统一战线；第七，建设属于人民的、来自人民的和为了人民的社会主义法权国家；第八，建设廉洁、坚强的党”。①

与此同时，“2011年纲领”继续肯定了越南在社会主义过渡时期结束后要实现的总体目标是“基本建立起社会主义经济基础，以及与之相符合的政治、思想、文化上层建筑，为越南成为日益繁荣、幸福的社会主义国家奠定基础”。为了实现这一总体目标，结合越南当前革新开放的具体情况，越共中央总书记农德孟在报告中强调要处理好如下几对关系，即“注意解决好革新与稳定发展的关系，解决好经济革新与政治革新的关系，解决好市场经济与社会主义定向的关系，解决好发展生产力与逐步完善社会主义生产关系的关系，解决好独立自主与对外开放的关系，解决好党的领导、国家管理与人民当家作主的关系”。②

越共十一大审议通过了《2011—2020年经济社会发展战略》。该文件明确指出了未来十年越南经济社会发展战略的总体目标是“力争到2020年越南基本成为现代化工业国家，政治、社会稳定；人民物质和精神生活明显提高；国家独立、主权和领土统一、完整得到保障；国际地位获提升，为下一个发展阶段奠定良好基础”。为了实现这一总体目标，越共提出了一系列经济革新措施。首先，进行经济结构调整。具体措施包括：①在增加工业和服务业在GDP中比重的同时，要注重农业发展的基础地位，保障国家粮食生产安全和为工业提供必要的生产原料；②对制造业和服务业实施重组，注重加快辅助工业、服务产业高质量发展，同时实施科学技术与农业生产相结合，加快现代农业的发展；③继续对国有企业进行结构调整，同时大力发展私营经济；④有效开发国内市场和同越南签署自由贸易协定的国外市场；⑤调整投资结构，提高投资效益，将投资的重点放在人力资源发展和经济社会基础设施建设

① 潘金娥．越南今后努力的八个方向：越共十一大报告解读之六[EB/OL]．http://panjineblog.blog.163.com/blog/static/8462820920111271527987/.

② 凤凰网．越共十一大传递全面革新信号[EB/OL]．http://news.ifeng.com/world/detail_2011_01/12/4245430_0.shtml.

上。其次，转变经济增长方式。改变过去长期奉行的依靠增加资金、资源的投入来增加产品数量的粗放型经济增长方式，向依靠科技进步和提高劳动者素质、加强管理来追求产品数量的集约型经济增长方式转变，同时重视将经济的广度增长与深度增长结合起来。最后，推动社会文化的发展。全面发展社会文化，使之与经济发展相协调；处理好经济与文化的关系，让文化真正成为促进社会和谐的精神基础和精神动力；同时要全面推动国民教育改革，提高人力资源质量。

为了贯彻落实《2011—2020 年经济社会发展战略》，越共十一大还专门部署了 2011 年国民经济和社会发展计划。其主要内容包括：一是稳定宏观经济、控制通胀。越共十一大认为，过去的 2010 年，越南积极应对国际金融危机，并取得了较好的成果。2010 年，经济发展实现 6.78% 的较高增长率。贸易逆差大幅下降，只相当于出口总额的 17.3%，总结算的赤字大幅下降。同时，由于通货膨胀率依然保持着较高水平，越南的经济形势依然严峻。为了控制通货膨胀，稳定宏观经济，越共十一大认为：①应该精简不必要的工程，集中精力搞好能创造新出口能力与生产能力的项目以及必要的经济社会基础设施工程；②实施财政紧缩政策与金融政策紧密结合。二是大力启动经济结构调整，推动经济增长方式转变。其中包括：①集中完善土地市场机制，保障国家和土地使用权转让者是土地使用权转移主要受益对象；②大力推动各国有总公司、集团进行股份化改革；③大力推进工业发展计划；④大力发展旅游服务、配送服务、物流服务、港口服务行业；⑤推动落实新农村建设计划。三是为各家企业投资发展生产经营并扩大市场创造有利条件。具体包括：①完善投资政策机制，尽快颁布有关公私合作（PPP）的规定；②提高企业资金筹措能力；③发展企业运营协助服务。四是发展社会文化领域，着重解决难解问题。如完善医疗政策、医院费用政策，提高教育质量等。五是基于确保人民主权并促进同步形成市场经济各因素原则，大力推动完善管理体制。①

综上所述，从越共九大、十大再到十一大，越南的经济革新进程在进一步深化，经济政策越来越宽松，革新的领域越来越宽广，革新的措施也越来越贴近实际。同时，从越共十大开始，越南的革新进程由单一的经济革新开始向经济革新、政治革新并举转变，政治革新的开启从侧面说明了，越南的革新开放已进入全新的层面，仅仅实施经济革新政策已不能满足越南革新开放的需求，需要从更宽广的角度为越南革新开放寻找推动力，这就是推动“越南共产党领导方式革新”。未来，越南革新的重点可能会放在政治革新上，但这样做最终是为了扫除阻碍经济革新的旧体制残余，建立新的适应社会主义定向的市场经济体制，从而推动经济革新进一步深化发展。

① 越共电子报.2011—2020年经济社会发展战略主要内容以及2011年核心任务[EB/OL]. http://www.cpv.org.vn/cpv/Modules/News_China/News_Detail_C.aspx?co_id=25754194&cn_id=441410.

第三章

俄罗斯和越南经济转轨的初始条件比较

在由计划经济向市场经济转轨的进程中，俄罗斯和越南两个相去甚远的国家，在经济转轨初始条件方面既有相似之处，也有差异之处。两国经济转轨初始条件上的差异，不仅影响了它们经济转轨的路径和速度，也塑造了它们各自独特的经济转轨模式。将两者进行比较，有助于我们更深入地理解经济转轨的复杂性和多样性。

第一节 传统计划经济体制国家经济转轨模式

随着经济全球化进程的加快，计划经济体制国家面临前所未有的挑战。一方面，计划经济体制下的资源配置方式已经无法满足人民日益增长的物质文化需求，生产效率低下，创新能力不足，经济发展滞后。另一方面，全球市场的竞争压力使计划经济国家在国际舞台上的竞争力逐渐减弱，亟须改革以适应新的国际环境。在此背景下，计划经济体制国家开始逐步探索向市场经济转轨的道路。值得指出的是，尽管经济转轨进程中充满了挑战和困难，但这是计划经济国家走向现代化、实现可持续发展的必经之路。

一、传统计划经济体制国家经济转轨面临的共同课题

从计划经济到市场经济的转轨是一个复杂且充满挑战的过程。传统计划经济体制国家在由计划经济向市场经济转变的进程中，主要面临三个课题。

（一）传统计划经济体制变革的问题

20 世纪 30 年代前后，随着苏联工业化运动的结束，高度集权的政治经济体制逐渐在苏联确立下来。此后，这一体制逐渐传播到了其他社会主义国家。从这些国家实施传统计划经济体制的效果来看，应当承认传统的计划经济体制为刚刚步入社会主义国家的经济建设做出了巨大贡献。这主要是因为，传统计划经济体制国家在步入社会主义道路之前，大多数处于内忧外患的境况。国内受到经济发展水平落后、经济基础薄弱、人民生活水平低下的困扰，国外又受到帝国主义武装干涉的威胁。为了保卫社会主义新生政权，刚刚步入社会主义道路的国家急需在短时间内建立起强大的社会主义经济基础。而传统计划经济体制最大的优点就在于通过行政命令的方式，可以在短时间内聚集全国的人力、物力、财力开展有针对性的项目建设。可以说，传统计划经济体制迎合了当时社会主义国家的需求，进而推动了社会主义国家经济建设和发展。

然而，随着社会主义政权不断得到巩固和国际局势缓和，传统计划经济体制越来越不适应新形势下社会主义国家的经济发展需求。行政指令性计划将经济统得过于死板，导致经济发展丧失了活力，经济发展速度逐渐放缓，并趋于停滞。同时，随着全球经济一体化趋势的加强，传统计划经济体制国家都或被动或主动地参与了与世界经济接轨的进程，参与世界市场竞争。在全球经济一体化进程中，传统计划经济体制国家逐渐意识到，似乎商品经济比计划经济更能促进经济社会的发展，市场比计划更适合承担资源配置方式和经济运行方式的重任。为了应对经济全球化的挑战，抓住经济全球化带来的发展机遇，传统计划经济体制国家纷纷踏上了计划经济体制变革的道路。由计划经济向市场经济转轨几乎成了传统计划经济体制国家变革传统计划经济体制的共同目标和趋向。20 世纪 80 年代中后期，俄罗斯和越南作为前计划经济体制国家，也先后走上了由计划经济向市场经济转轨的道路。

（二）建立什么样的市场经济目标

由于各国具体的国情不同，对于怎样变革计划经济体制，向哪个方向变革计划经济体制，传统计划经济体制国家并不像当初选择传统计划经济体制那样具有高度的一致性，而是通过自身的努力和借鉴其他国家市场经济建设经验，探索性地推动国家由计划经济向市场经济转轨，并在这一进程中形成了各具特色的市场经济建设目标。自 20 世纪 90 年代以来，经过数年的理论探索和准备，越南和俄罗斯作为由计划经济向市场经济转轨的前计划经济体制国家，先后提出了各自市场经济建设的目标。1990 年，苏共中央正式提出建设“可调节的市场经济”改革目标；1993 年，越共中央提出建立“社会主义定向的、多种经济成分共存的、由国家管理的市场经济机制”的改革目标。

（三）需要正确处理好经济转轨进程中几对重要的关系

从计划经济向市场经济转轨，意味着旧有经济结构的解构和新经济体系的重建。在这一过程中，需要正确处理好几对重要的关系，主要包括改革与发展的关系、改革与稳定的关系、国外经验与本国具体国情的关系、市场调节与政府宏观调控的关系、对外开放与国家经济安全的关系。第三个课题是对前两个课题的进一步深化，涉及传统计划经济体制国家经济转轨的深层次问题。同时，只有处理好以上这些关系，经济转轨国家才能最终取得经济转轨的成功。俄罗斯和越南处理上述几对关系是一个复杂而多维度的过程，两国也正是在探索处理上述几对关系时逐渐步入了各具特色的经济转轨之路。

二、传统计划经济体制国家主要的经济转轨模式

尽管传统计划经济体制国家都面临着由计划经济向市场经济转轨的任务，但是各国对未来经济发展道路的设想不同，导致各国经济转轨模

式也不同。就传统计划经济体制国家经济转轨的实际情况来看，目前这些国家的经济转轨模式主要可以划分为两类：激进式转轨和渐进式转轨。其中，苏东国家的经济转轨主要选择了激进式转轨模式，而越南等国家则选择了渐进式的经济转轨模式。所谓的激进式经济转轨模式也常被称为“休克疗法”或“震荡疗法”，是一种大爆炸式的跳跃性的向市场经济转轨的模式。而渐进式经济转轨模式则主要是指分步骤演进式的向市场经济转轨的模式。

两种经济转轨模式的主要区别如下：第一，在对待变革与经济稳定和发展之间关系的问题上，激进式经济转轨模式主张，为了彻底摧毁旧体制尽快建立起新体制，国家可以放弃暂时的经济稳定和发展。而渐进式经济转轨模式则主张，在摧毁旧体制建立新体制的过程中，也要兼顾经济的稳定和发展。第二，在经济转轨的速度上，激进式经济转轨带有明显的“激进式”特色，西方舆论曾借用《圣经》中描述上帝用了七天时间就创造出一个美好世界来形容激进式经济转轨。而渐进式经济转轨则具有明显的“渐进性”特色，无论在旧体制的消亡还是在新体制的建立上，渐进式经济转轨都远滞后于激进式经济转轨。第三，在经济转轨的方法上，激进式经济转轨主张一次性到位，具体表现为大规模实施私有化、自由化。而渐进式经济转轨则主张分阶段、分步骤地实施变革，即首先选择试点单位，其次以点带面，最后全面展开。第四，在短期社会经济效应和风险问题上，上述三个方面的原因导致激进式经济转轨的短期社会经济效应不佳，而且社会风险大。相对而言，渐进式经济转轨的短期社会经济效应良好，社会风险小。

通过上面的比较，在此有个疑问：激进式经济转轨模式和渐进式经济转轨模式孰优孰劣？是否短期社会经济效应好、风险小的渐进式经济转轨模式优于激进式经济转轨模式？其实，世界上不存在完美无缺的经济转轨模式。苏东国家激进式经济转轨模式造成了社会秩序混乱，经济效益急剧下滑，国家为此付出了沉重的代价。俄罗斯直到2000年普京执政后，国家经济才逐渐走上稳定发展的道路，同时还有许多国家至今仍然在承受着变革带来的剧痛。但是，从长远来看，激进式经济转轨国家只要在剧痛后苏醒过来，其未来经济发展就不会再受到来自旧体制的阻碍。只是变革引发的剧痛什么时候才能消失，我们无法得知。与此同时，渐进式经济转轨模式也不是完美无缺的。渐进式经济转轨模式分步骤式的改革“在降低社会震荡和社会摩擦的同时也使得经济体系长期处于扭曲的状态，双重体制的长期并存和经济主体预期不稳定导致长期中的经济增长和经济效率受到损害”。[①] 可见，渐进式经济转轨模式的问题在于，虽然短期经济社会效应良好，社会风险小，但是随着经济转轨进程的不断深入，新旧体制之间的摩擦会越来越多，未来经济发展也会因这种体制上的摩擦而受到干扰甚至损害。

由此可见，两种经济转轨模式各有利弊，同时根据现有各国经济转轨的实践来看，渐进式经济转轨模式更适用于经济发展落后的发展中国家。因为发展中国家的国力有限，往往承受不起激进式经济转轨带来的剧痛。此外，在现实中，一个国家采用的经济转轨模式也不是绝对的。采用渐进式经济转轨模式的国家，从其体制变革的整体进程来看，具有分步骤式的“渐进性”特征，但是增量改革和存量改革并举的经济转轨策略要求渐进式经济转轨国家在体制变革的具体阶段和具体措施上，都要触及实质性的问题。因为只有在量的积累实现质的飞跃时，体制变革才会从低一阶段向高一阶段跨越。与此同时，采用激进式经济转轨模式的国家，计划经济体制向市场经济体制的转变，并不能真的做到一步到位，仍然需要一个过程。这不仅是因为计划经济体制本身的消亡需要一个过程，还因为市场经济体制从无到有，从形成到完善也需要一个较

① 王曙光．转轨经济的路径选择：渐进式变迁与激进主义［J］．马克思主义与现实，2002(6)：70－74.

长的时间过程。以俄罗斯为例，虽然长期以美国自由资本主义市场经济方式为样板，但其市场经济国家的地位直到 2002 年才获得美国的承认。总之，相比渐进式经济转轨国家，激进式经济转轨国家经济转轨的步伐更快。

三、俄罗斯和越南经济转轨模式的比较

作为传统计划经济体制国家，俄罗斯和越南都选择了由计划经济向市场经济转轨的发展道路。依据上文对激进式经济转轨方式和渐进式经济转轨方式的区分，同时结合俄罗斯和越南经济转轨的实际情况，本书认为，俄罗斯经济转轨进程具有明显的“激进式”特点，而越南的经济转轨进程则具有明显的“渐进式”特点。具体表现在以下几个方面：

第一，从处理变革、稳定和发展之间的关系来看，俄罗斯的经济转轨具有明显的体制变革先行的特点。以叶利钦时代俄罗斯的经济转轨实践为例，这一时期实行的“休克疗法”是以摧毁计划经济体制，迅速建立市场经济体制为主要任务的，而对于急速的变革可能会导致宏观经济的失控则顾忌不多。这主要缘于俄罗斯激进式改革派认为“长痛不如短痛”，待旧体制消亡，新体制建立起来，国家宏观经济形势就会因资源配置方式和经济运行形式由计划变为市场而逐渐好转起来，体制变革引发宏观经济下滑的困难只是暂时的。此外，叶利钦时代俄罗斯激进式经济转轨产生的社会经济效应也印证了其体制变革先行的特征。而越南的经济转轨更注重变革、稳定、发展之间的平衡关系。从实施价格改革到实施国有企业改革，从治理通货膨胀到谨慎对待金融自由化，无不表现出越南体制变革、社会稳定、经济发展齐头并进的经济转轨思路。1986 年革新开放以来，越南取得的社会经济效应得到了全世界的认可，这也从侧面印证了越南经济转轨进程中体制变革、社会稳定、经济发展均衡发展的特征。

第二，从经济转轨的速度来看，俄罗斯在具体宏观经济体制领域的改革具有明显的“激进式”特点。仅1991—1992年，俄罗斯先后颁布并实施了《俄罗斯联邦放开物价措施的决定》《俄罗斯联邦国有企业私有化法》《俄罗斯联邦1992年国家企业和地方企业私有化国家纲要》《深化经济改革纲领》《对外经济活动自由化法令》，且迅速完成了价格领域和国有企业领域的改革。相比之下，越南在具体宏观经济体制领域的改革步伐则是“渐进式”的。无论是价格改革领域，还是国有企业改革领域，越南改革的步伐都明显慢于俄罗斯。以价格领域的改革为例，越南的价格改革策略总是在实践中不断摸索前进，尤其是在总结了1981年、1985年两次价格改革实验失败的教训后，才在第三次找到了适合本国国情的价格改革之路，同时价格改革取得了成功。

第三，从经济转轨的步骤来看，俄罗斯奉行的是一步到位的方式，主张在短时间内实现私有化、自由化、稳定化。而越南则奉行的是分步骤、分阶段的经济转轨方式。为了维护社会主义的社会秩序和宏观经济的稳定，越南主张实行分步骤、分阶段的体制变革。具体做法是，首先在全国范围内筛选试点改革的单位，其次根据改革的具体情况分析和总结经验教训，再次以点带面，最后实现全面推广。

此外，俄罗斯和越南经济转轨模式之间除去“激进式”和“渐进式”总体进程上的差异外，还存在着其他方面的差异。具体表现在以下两个方面：

第一，从两国经济转轨的目标和实质来看，受到“华盛顿共识”的影响，叶利钦时代俄罗斯的经济转轨是以建立美国式的自由资本主义市场经济为目标取向的，但随着“休克疗法”的终结，俄罗斯自由资本主义市场经济发展目标不断得到修正。普京执政后，对叶利钦时代俄罗斯市场经济的发展道路进行了修正，并提出了市场经济发展的“第三条道路”，即“市场经济+俄罗斯社会现实+强国富民”[①]。学者将其概括为“混合市场经济模式”。需要指出的是，无论是叶利钦时代的自由资本主义市场经济模式，还是普京时代的混合市场经济模式，目标都是走资本主义市场经济发展道路，实质都是资本主义经济体制取代社会主义经济体制。与俄罗斯经济转轨目标相比，越南经济转轨则受到中国特色社会主义市场经济发展的影响，选择了建立社会主义定向的市场经济发展道路，其实质是社会主义经济体制的自我完善。

第二，从经济转轨的动力来看，俄罗斯和越南经济转轨的主要动力虽然都来自政府的主导力量，但是在经济转轨进程中，两国政府对转轨经济的控制力度又明显存在差异。具体来说，叶利钦时代的俄罗斯主张“弱政府”，对市场放任自流。尽管普京执政的俄罗斯重塑国家权威，强化了政府的主体力量，但普京自己也承认俄罗斯的战略路线仍是“少一些行政干预，多一些经营自由、生产自由、贸易自由、投资自由”[②]，可见，尽管俄罗斯政府通过下达国有企业私有化、价格自由化等行政命令强制推进国家开启由计划经济向市场经济转轨的道路，但是对于处于经济转轨进程中转轨经济的发展，主张减少干预，充分发挥市场资源配置方式的主导权。相较于俄罗斯，越南无论是在推动国家开启由计划经济向市场经济转轨道路问题上，还是对处于经济转轨进程中转轨经济发展的控制力上，政府的力量都始终居于主导地位。这主要缘于越共认为，“由越南共产党领导下的越南政府对社会主义定向的市场经济实施定向管理、监督和检查是越南经济转轨一项基本的原则性条件”。[③]

综上所述，俄罗斯和越南经济转轨的目标、性质迥然不同，这方面

---

① 唐朱昌．从叶利钦到普京：俄罗斯经济转型启示[M]．上海：复旦大学出版社，2007：56.

② Владимир Путин. Государство Россия: Путь к эффективному государству [EB/OL]. [2024-04-02]. http://www.kremlin.ru/acts/bank/22401/page/1.

③ 赵忆宁．越南“社会主义定向市场经济成型始末”[N]. 21世纪经济报道，2008-06-03.

已没有可比性。然而，“两国都是从原先的计划经济体制向市场经济体制转轨，两国社会都处于转轨期间，各个领域改革的做法、经验和所遇到的问题，仍然具有可比性和相互借鉴的意义”。[①] 与此同时，值得指出的是，俄罗斯和越南两国之间的经济转轨不仅具有相互借鉴的意义，而且它们之间经济转轨的经验和教训对其他经济转轨国家具有重要的借鉴意义和警示作用。

第二节　俄罗斯和越南经济转轨前的政治经济体制比较

在经济全球化趋势日益深化和全球经济格局的深刻变革背景下，俄罗斯和越南的经济转轨历程尤为引人瞩目。两国在经济转轨前的政治经济体制上的差异性和相似性，为开启两国经济转轨比较研究提供了丰富的素材和前提条件。本节将细致比较与分析俄罗斯和越南经济转轨前的政治经济体制，通过对比研究，我们可以更加清晰地认识两国经济转轨的动因、特点和路径选择。

一、俄罗斯经济转轨前的政治经济体制

20 世纪七八十年代以来，有相当一部分国家为了实现现代化选择走上由计划经济体制向市场经济体制转变的经济发展道路。苏联便是其中之一。同时，苏联像所有走上经济转轨道路的国家一样，在选择走上这条路之前，自身有着极其深刻的社会政治背景，也正因如此，才有了后来各具特色的经济转轨道路。作为苏联最大的继承国，俄罗斯经济转轨最早可以追溯到 20 世纪 80 年代中后期的戈尔巴乔夫改革。而在此之

① 中国苏联东欧史研究会．现代化之路：中国、俄罗斯、东欧国家改革比较［M］．北京：当代世界出版社，2003：51.

前，苏联社会政治形势又呈现怎样的特点呢？

（一）国内政治体制：不稳定—稳定—僵化—危机

尽管十月革命胜利后，以列宁为首的布尔什维克党很快就创建了苏维埃政权，但苏维埃政权在之后的几十年中，总是受到各种因素的影响而无法趋于稳定。众所周知，在列宁执政的 7 年中，苏联有 3 年是在国内外武装斗争的威胁中度过的。在斯大林时代，斯大林果断结束了列宁的“新经济政策”路线，同时为了清除异己，斯大林发动了“大清洗”运动。此后，德国又向苏联发动了侵略战争。在赫鲁晓夫执政的 11 年中，赫鲁晓夫在苏共二十大上作了否定斯大林的秘密报告，此后苏联各地掀起了“去斯大林化”运动。由此我们不难看出，从列宁到斯大林再到赫鲁晓夫，苏联领导人的执行路线总是遭到继任者的弃用甚至是全盘否定，国家的大政方针始终处于摇摆状态。而这种不稳定的局面直到勃列日涅夫执政才彻底结束。之所以这样说，主要是因为在勃列日涅夫执政的 18 年中，一方面，由于其奉行平稳的治国策略，既对赫鲁晓夫时代过于偏激地批判斯大林进行了修正，也放缓甚至是暂停了赫鲁晓夫时代开启的改革步伐；另一方面，国际形势逐渐好转，以美国为首的西方资本主义阵营基本上已经放弃了通过武装干涉摧毁社会主义国家的意图，转而实行“和平演变”策略。正是基于这些因素，勃列日涅夫时代的苏联才得以扭转长期以来内忧外患的危险局面转而实现政局平稳。

然而，恰好也是勃列日涅夫执政的这 18 年中，苏联在享受来之不易的平稳政局的同时，政治也逐渐由平稳走向了僵化。具体表现在以下几个方面：首先，以党代政现象严重。正如苏联科学院院士阿尔巴托夫回忆，“党开始越来越不管自己的事务，而越来越多地去管其他政府机构的工作”。“代表机关，包括最高苏维埃不能制定，甚至讨论真正的政策问题，因为总会有党的中央机关直接或间接地出面干预。”[1] 以党代政、党政不分的局面严重践踏了社会主义民主，国家赋予人民代表手中的权力遭到架空。其次，党内形成了官僚特权化阶层。其实，苏联早在20世纪30年代就针对党政干部的福利待遇有具体规定，享受特权的官僚阶层也就是在这个时候发展起来的，并到勃列日涅夫时代日益壮大。按照相关规定，“被任命的官员按照级别享受由国家发津贴提供的、秘密封闭的特殊高级服务：高级住宅、私人医疗设备、宾馆和度假设施、高级轿车，以及以低价格向他们提供普通老百姓无法买到的进口食品”。[2] 试想这些衣食住行全部依靠特权的党政干部群体在具体工作中又怎能从老百姓的实际需求出发呢？干部特权阶层的出现，遭到了普通民众的反感，人为地拉开了苏共与普通民众内心的距离。最后，享受特权的官僚机构日益庞大。由于勃列日涅夫时代苏联政府机关人事变动不多，且实行干部终身制，即便工作出现失误也无须为此承担责任，出现了官僚机构“只进不出”增长局面。“官僚主义的管理机关膨胀到令人难以置信的规模——仅在农业中管理机关的人数就达到300万人（比美国农民总数还多）。”[3]

在此需要指出的是，尽管勃列日涅夫时代的苏联政局已出现僵化的局面，但是这种体制僵化带来的危害还没有全面发作，这一时期的苏联总体上是苏维埃政权成立以来最强盛的时代。只是在苏联虚假繁荣稳定的背后隐藏着巨大的危机。如果这个时候勃列日涅夫发起针对僵化体制的改革，那么也许会改写苏联的历史。然而，历史不容假设，勃列日涅夫时代错过了苏联纠错僵化体制的最佳时机，等待苏联的将是危机的接踵而来。首先爆发的就是“老人政治”引发的政治危机。1982年11月

---

① 阿尔巴托夫．苏联政治内幕：知情者的见证[M]．徐葵，张达楠，等，译．北京：新华出版社，1998：305－307.

② 关海庭．中俄体制转型模式的比较[M]．北京：北京大学出版社，2003：91.

③ 宫达非．苏联剧变新探[M]．北京：世界知识出版社，1998：301.

10 日，75 岁的勃列日涅夫逝世，他的继任者 68 岁的安德罗波夫，担任苏共总书记仅两年就因病于 1984 年去世。此后，苏共中央总书记由契尔年科担任，可是契尔年科出任苏共总书记时已经 73 岁，且重病缠身，根本无法正常履行总书记的职责。在担任苏共总书记 13 个月后，契尔年科因病于 1985 年 3 月去世。苏联在不到 3 年的时间里接连更换了三位党的总书记，陷入了“老人政治”的危机，而导致“老人政治”危机的根本原因是苏共长期实行的干部终身制。干部只进不出，只上不下，导致苏共内部出现年龄偏大且体弱多病的领导干部下不来，而年富力强的领导干部上不去的尴尬局面。

（二）斯大林计划经济体制：萌芽—形成—稳定—僵化

社会主义国家应该搞“计划经济”最早是由列宁提出的。列宁早在 1906 年就明确指出：“只要还存在着市场经济，只要还保持着货币权力和资本力量，世界上任何法律都无法消灭不平等和剥削。只有建立起大规模的社会化的计划经济，一切土地、工厂、工具都转归工人阶级所有，才可能消灭一切剥削。”[①] 此后，列宁和布尔什维克党主要成员又在多种场合提出未来的苏维埃政权应该走发展计划经济的道路。如“社会主义……就是消灭商品经济。……只要仍然有交换，谈论什么社会主义就是可笑的”。[②] 这些关于计划经济的相关理论准备为后来苏联选择走计划经济发展道路奠定了基础。不久，十月革命胜利，苏维埃政权成立，计划经济便很自然地成为苏联经济发展道路的首选。在此后的几十年中，计划经济由最初的设想到变成现实并逐渐形成一套完整的体系，由促进苏联社会经济发展到成为社会经济发展的羁绊，经历了一系列的演变过程。

---

① 列宁．列宁全集：第 13 卷[M]．北京：人民出版社，1987：124.

② 列宁．列宁全集：第 17 卷[M]．北京：人民出版社，1988：111.

第一阶段，从战时共产主义过渡到新经济政策。为了抵抗国外武装干涉以及国内反动势力的武装抵抗，从1918年春天开始，苏维埃政权宣布全国进入战时共产主义时期，并颁布了包括余粮收集制、对大中型企业实行全部国有化、限制贸易活动等法规，初步形成了战时共产主义的经济管理体制。对此，一方面，我们应该看到，战时共产主义经济管理体制的确为苏维埃政权在短时间内积聚了大量的人力、物力、财力，为集中抵抗国内外武装干涉发挥了重要作用；另一方面，我们应该看到，战时共产主义经济管理体制中取消商品货币、实行经济关系实物化等做法严重违背经济发展运行规律，不利于经济社会健康发展。尽管战时共产主义经济管理体制从实施到结束只有3年左右的时间，但“这个体制对后来的苏联乃至其他社会主义国家构建经济体制与认识社会主义都产生了很大影响”。[①] 苏联高度集中的计划经济体制正是在战时共产主义经济管理体制的基础上形成的。1921年初，苏维埃政权赢得了战争的胜利，但3年的战争使国民经济遭受了严重的破坏，此时的苏维埃政权面临的主要任务就是如何恢复遭受战争破坏的国民经济。是继续执行战时共产主义经济政策，还是进行经济改革，实行新的经济政策？以列宁为首的布尔什维克党内出现了纷争，但1921年3月召开的俄共（布）第十次代表大会还是通过了由战时共产主义向新经济政策过渡的决议。依照相关决议，新经济政策的主要内容包括：变余粮收集制为粮食税，实行商品自由贸易，将原来收归国有的小企业退还给私人，实行企业经济核算，发展国家资本主义，进行货币改革，等等。此后，苏联的经济发展取得了显著成绩。“1921—1922年收购了3800万公担粮食，而在1925—1926年收购了8000万公担粮食。1925年播种面积达到了战前水平。1921—1924年国有大工业生产量增长了1倍，保存了工人阶

---

① 陆南泉．苏联经济体制改革史论[M]．北京：人民出版社，2007：6.

级的基本骨干，从 1923 年起，在国营企业工作的工人数量开始增长。创建了一些商业银行，在 1924 年春完成了货币改革，实现了币值稳定。"① 可以说，正是以列宁为首的布尔什维克党及时调整政策方向，果断实施新经济政策，才及时扭转了经济危机的局面。

第二阶段，斯大林经济体制的形成和巩固。1924 年列宁逝世，与此同时战后苏联的经济发展也逐渐恢复到了战前水平。那么今后苏联是否还需要继续执行列宁时期的"新经济政策"呢？为此，苏共党内展开了激烈的讨论，并形成了三种观点：第一种观点认为，"新经济政策"只是一种类似于《布列斯特合约》式的退却，是一种权宜之计，一旦完成自身的使命后，就应该退出舞台；第二种观点认为，"新经济政策"是使社会主义经济有效运转的手段，社会主义经济一旦恢复了，就要排挤和消灭资本主义经济；第三种观点认为，"新经济政策"适用于和平时期的苏联经济发展，应该继续执行。与此同时，列宁的继任者斯大林更倾向于将"新经济政策"看作一种过渡性政策，是一种权宜之计。1928 年，恰逢苏联出现粮食收购危机，斯大林认为此次危机是阶级斗争不彻底引发的，并顺势取缔了"新经济政策"。1929 年，斯大林发表讲话指出，当"新经济政策""不再为社会主义事业服务的时候，我们就把它抛开"。② 斯大林在结束"新经济政策"的同时，也积极提出了自己关于发展社会主义道路的政策。

20 世纪 20 年代中后期的苏联，尽管已经基本上摆脱了国内外武装干涉和国民经济不断恶化的困境，但仍然是一个落后的农业国。"据 1926 年的统计资料，苏联 82.1% 的人口居住在农村，（1925—1926）年度农业产值占国民经济总产值的 56.6%。农业生产以手工劳动为主。"③

① 陆南泉，姜长斌，徐葵，等．苏联兴亡史论［M］．北京：人民出版社，2004：248.

② 斯大林．斯大林全集：第 12 卷［M］．北京：人民出版社，1955：151.

③ 琼图洛夫，等．苏联经济史［M］．郑彪，等，译．长春：吉林大学出版社，1988：157.

鉴于此，斯大林提出将苏联由农业国转变为工业国的战略思想。他认为，“把我国从农业国变成能自立生产必需的装备的工业国——这就是我们总路线的实质的基础”[①]。此后，苏联便开始了轰轰烈烈的工业化运动。关于工业化运动的起止时间，“一般认为苏联工业化运动全面开始是在 1928 年，即苏联第一个五年计划开始时，至于结束，斯大林 1946 年的说法则更为贴切一些”[②]。与工业化运动同时开展的还有农业集体化运动。总之，随着这两场运动的圆满结束，斯大林经济体制也从初步形成到实现稳固。主要原因如下：

一方面，工业化运动促使苏联形成了高度集中的工业管理体制。首先，提倡高积累、高投入、高速度发展工业，尤其是重工业，导致经济高度集中。仅“‘一五计划’期间，在整个国民经济投资中，用于重工业的投资就占 32%，在整个工业化时期比重均在 30% 左右，有时甚至达 40%。在整个工业投资中重工业的投资比重更加突出，‘一五计划’期间高达 86%”。[③] 与此同时，为了获得大量资金支援工业，尤其是重工业的发展，斯大林不惜牺牲农民的利益，强迫农民上缴一半收入给国家。据相关统计，仅“一五计划”期间，工业化发展所需资金的 1/3 以上来自农民上缴给国家的收入。集中人力、物力、财力优先发展工业，尤其是重工业，人为地造成了大量资金涌向这些优先发展领域，从而出现经济高度集中的局面。其次，对工业部门的管理越来越趋向于计划性。从“一五计划”开始，“越来越多的生产资料得到有计划的使用，越来越多的劳动群众按照统一的经济计划进行工作；由社会有计划地利用的社会产品数量日益增加”。[④] 最后，对工业管理体制进行调整

① 斯大林．斯大林全集：第 7 卷［M］．北京：人民出版社，1958：294.

② 陆南泉．苏联经济体制改革史论［M］．北京：人民出版社，2007：27.

③ 陆南泉．苏联经济体制改革史论［M］．北京：人民出版社，2007：28.

④ 苏联科学院经济研究所．苏联社会主义经济史：第 3 卷［M］．王逸琳，等，译．北京：生活·读书·新知三联书店，1982：42.

和重组，导致指令性计划制度初步形成。为了重塑工业管理体制，苏联政府先后于 1929 年和 1938 年分别颁布了《关于整顿生产管理及确立一长制的措施的决议》和《苏联人民委员会国家计划委员会条例》。依照相关条例，苏联政府撤销了中央国营工业局，在各工业部门建立总管理局，随后又成立了计划管理局和经济局，后来又将计划管理局和经济局合并成立经济计划总局。这一系列布局调整，都只有一个目的，那就是保障各工业部门不同时期的工作都能有计划可依、有指标可循，同时上级机关还可以依据下达给企业的各项工作指标，对企业的工作实施量化考核及监督。经过此番调整后，苏联初步形成了指令性计划制度。

另一方面，农业全盘集体化导致苏联最终形成了高度集中的农业管理体制。为了保障高速工业化进程获得充足的资金和原材料，全面建立社会主义经济基础，斯大林决定推行农业集体化，通过组建集体农庄和国营农场保障社会主义农业生产。关于集体农庄的组建，起初实行农户自愿加入的原则，但结果并不令人满意，很多农户不愿加入集体农庄，加入集体农庄的成员大多是贫农和少量的中农。为了加快农业集体化的组建进程，斯大林于 1929 年秋天发出普遍集体化的号召，并于 1930 年颁布了《关于集体化的速度和国家帮助集体农庄建设的办法的决议》。在斯大林普遍集体化思想和相关决议的指导下，地方政府采取粗暴的行政命令手段，甚至使用暴力手段强迫农民加入集体农庄。此后，集体农庄的数量猛增。截至 1932 年第一个五年计划完成，全国有 60% 以上的农户加入了集体农庄，集体农庄的播种面积占全国播种面积的 70% 以上。1933 年，联共（布）宣布，苏联“把分散的个体小农经济纳入社会主义大农业轨道的历史任务已经完成”。由此，苏联“新的集体农庄制度建立起来了”。[①]在农业集体化进程中，关于集体农庄和国营农场的

① 潘克拉托娃．苏联通史：第 3 卷[M]．山东大学翻译组，译．北京：生活·读书·新知三联书店，1980：617.

管理，苏联逐渐形成了一套高度集中的农业管理体制。具体表现为以下几点：第一，国家直接通过下达指令性指标对集体农庄和国营农场实施系统化的管理。集体农庄和国营农场同国营工业企业一样依照国家下达的生产指标组织生产活动，同样地，国家也根据集体农庄和国营农场完成生产指标的具体情况对其实施量化指标的考核。第二，实行农畜产品采购制度。其中，具体包括义务交售制和国家收购制。所谓义务交售制，是指“集体农庄、经营个人副业的庄员和个体农户必须按照规定的数量向国家交售农畜产品”。所谓国家收购制，是指“国家对集体农庄和庄员在完成义务交售和上交拖拉机站的实物报酬任务之后剩余的部分农畜产品，以较高的价格进行收购”。[①] 正是通过这两项制度，国家将集体农庄和国营农场生产的全部农畜产品牢牢地掌控在自己手中。第三，农畜产品的收购价格由国家统一制定。尽管国家收购制明确规定要对完成各项上缴任务后剩余的农畜产品实施高价收购，但事实上并无高价收购一事。国家往往用低于成本的收购价格收购农畜产品，以获取优先发展重工业的资金。第四，国家通过委任农庄管理委员会主席的方式对集体农庄实施监控。第五，从劳动和分配制度上看，集体农庄庄员对于分配给自己的劳动基本上只有义务没有权利。同时，庄员完成规定的工作量获取的报酬很低，但如果没有完成规定的工作量则会受到惩罚。

总之，苏联在开展工业化和农业集体化运动过程中，与之相适应的工业管理的高度集中化和农业管理的高度集中化随之形成，它们共同构成了斯大林经济体制的主要内容。截至二战前，斯大林经济体制已经在苏联确立并稳固下来。

第三阶段，斯大林经济体制逐渐走向僵化。1941 年 6 月 22 日，德国法西斯入侵苏联，苏联全国再次进入紧急军事状态。为了在短时间内

① 陆南泉．苏联经济体制改革史论[M]．北京：人民出版社，2007：61.

积聚人力、物力、财力支援前线，1941年6月30日，苏联组建国防委员会。新成立的国防委员会负责统领国家前线和后方一切工作。此时的苏联俨然成了统一的军营，国家的一切运转都由国防委员会做出最终的决定。出于战备经济的需要，“斯大林的经济体制空前的中央集权化”①。1945年，卫国战争结束，苏联迎来了战后和平建设的新时期。然而，本应适时弱化的高度集权斯大林经济体制，却被保留下来并不断得到强化。1953年，斯大林去世，他的继任者赫鲁晓夫向高度集权的斯大林经济体制发起了进攻，提出了一系列改革措施，但可惜收效甚微。赫鲁晓夫也因此失去苏共中央总书记的职务。1964年，勃列日涅夫上台执政。一心求稳的勃列日涅夫并不像赫鲁晓夫那样热衷于改变现状，他更愿意安于现状。正如有苏联学者指出：“这个时期，我国社会在斯大林专制的艰难年代保存下来的向前发展的潜力看来已经耗尽。而苏共二十大所激发的，而在随后的岁月中被保守主义的灭火队竭力加以扑灭的那股新的热情也已逐渐泯灭。1964年上台的领导人甚至不想去使国内政策恢复活力。经济方面的改革也是短命的，很快被我国历史上最盛行的无所不在的行政命令和官僚主义的管理作风和管理方法所代替。”② 日益僵化的斯大林经济体制越发成为苏联经济发展的羁绊。从1975年起，苏联的经济发展放缓，尤其是在勃列日涅夫执政的最后两年，即1981年和1982年，苏联经济增长分别只有3.3%和2.6%，基本接近经济停滞的标准。

二、越南经济转轨前的政治经济体制

革新开放的数十年来，越南从市场经济局部试验，到全面向市场经

① 陆南泉．苏联经济体制改革史论[M]．北京：人民出版社，2007：91.

② 阿尔巴托夫．苏联政治内幕：知情者的见证[M]．徐葵，张达楠，等，译．北京：新华出版社，1998：266.

济转变；从单纯经济革新向政治革新与经济革新并举转变。可以说，越南取得了举世瞩目的成就。如今，越南已然成为继中国之后前计划经济体制国家中最璀璨的明星。然而，如同其他步入经济转轨的国家一样，越南的经济转轨也不是一个偶然的现象，除了顺应世界变革潮流外，越南自身的政治经济体制也走到了尽头，越来越不适应社会经济的发展，因此改革势在必行。

（一）党政不分、高度集中的政治体制

1945 年 8 月，越南人民在印度支那共产党的领导下夺取了“八月革命”的胜利。同年 9 月 2 日，胡志明主席在河内巴亭广场发表《独立宣言》，向全世界宣告越南民族独立和越南民主共和国诞生。1959 年新修订的《越南宪法》明确指出：“越南民主共和国沿着社会主义道路发展和改造国民经济，把落后经济变为拥有现代化工农业和先进科学技术的社会主义经济，来实现从人民民主制度逐步走向社会主义。”[①] 由此，越南民主共和国社会主义国家的性质得到了宪法的确认。1976 年，越南南北统一，并定国名为“越南社会主义共和国”。和大多数社会主义国家一样，越南社会主义共和国实行共产党一党执政，同时以苏联为榜样创建了带有鲜明苏联模式烙印的集权式行政体制。

在集权式行政体制下，“越南共产党从制定国家的路线和政策到日常实践活动，频繁地介入所有领域中。并且，在国家各机构之间，行政机关的权力非常大，议会机构经常只是作为名义上存在的机构而已。从生产、流通到消费环节，各种各样的社会活动都被紧紧置于越南共产党和国家的领导与管理之下”。[②] 以国会在国家的地位和职能为例，《越南社会主义共和国宪法》明确规定，国会是“人民的最高代表机关，越

① 越南民主共和国宪法[M]. 尔雅，译校. 北京：法律出版社，1960：7.

② 白石昌也. 越南政治、经济制度研究[M]. 毕世鸿，译. 昆明：云南大学出版社，2006：1.

南社会主义共和国的最高国家权力机关，是唯一拥有立宪权和立法权的机关。……负责决定与国内外的基本政策，国家的经济、社会、国防、治安任务，国家机构的组织和活动，公民的社会关系和活动有关的主要原则。……行使对国家所有活动的最高监督权”。[①] 但在实际工作中，尤其是1986年革新开放之前，越南国会的职能被形式化了。截至革新开放，越南国会长期充当着越南共产党和越南政府做出决议的事后承认机构。关于国家和社会正常运转的相关事项，从立项到最后做出决议，其程序一般都是先由越南共产党和越南政府做出实质性决议后再移交给国会，最后由国会实施程序上的认证。在实际工作中，真正由国会审议并通过的关乎国家大政方针的文件非常少。

（二）官僚、集中、包给的计划经济体制

1945年，越南获得民族独立并建立民主共和国。然而，成立之初的越南便遭受到外国侵略者的武装干涉，直到1954年《日内瓦协议》的签署，越南南北分离，越南北方在越南共产党的领导下和社会主义阵营兄弟国家的帮助下率先大规模开展了社会主义革命和建设，并在这个过程中逐渐形成了带有鲜明苏联模式特色的官僚、集中、包给的计划经济体制。在越南共产党看来，“社会主义经济的本质是计划经济；社会主义的各个经济规律，包括在社会主义制度下整个国民经济有计划发展的规律，都是由生产资料公有制产生的。……因此，领导有计划地发展国民经济，是社会主义经济管理任务中的一个最基本的问题”。[②] 为此，越南共产党在1959年修订的《越南社会主义共和国宪法》中明确指出：“国家按照统一的计划领导经济活动。国家依靠国家机关、工会组

---

① 白石昌也．越南政治、经济制度研究[M]．毕世鸿，译．昆明：云南大学出版社，2006：72.

② 各国共产主义政党文丛·越南劳动党第三次全国代表大会文件[M]．北京：世界知识出版社，1961：163.

织、合作社以及劳动人民的其他组织来制定和实现经济计划。”[①] 1960年，越南共产党第三次全国代表大会召开。越共三大对越南实施计划经济做了具体部署，并强调要领导北方快、猛、稳地向社会主义前进。这标志着越南北方全面进入计划经济建设时期，同时高度集中的计划经济管理体制也随之建立起来。

第一，党政机关通过编制国民经济计划领导国家经济工作。“各级党委、各个政权领导机关有加强指导和直接参加计划编制工作的任务”[②]，并通过国民经济计划对全国经济进行监督和领导，保障国家经济有计划地高效运行。

第二，建立有效的分级管理工作机制。为了加强国家机关对社会主义经济的有效管理，越共提出：“我们必须大力加强组织工作，必须继续有系统地进行分级管理。在生产、建筑、运输、干部培养等方面进行分级管理的同时，也要进行财政、物资和执行计划的分级管理。在加强中央集中和统一领导的基础上，必须充分发挥地方的、企业的积极性和创造性，提高自治区，工业区，省、市党委和行政委员会的经济管理能力和加重管理经济的责任。”[③]

第三，对农产品及工业品实施有效的计划收购和供应制度。“为了保持农产品供求之间的平衡，国家要掌握全部商品粮和其他大部分作为商品的农产品，严密地管理采购工作，因此，必须规定农民向国家出售稻谷和其他农产品的义务，并且实行国家收购机关与农业生产合作社签订收购合同的制度。关于各种农产品计划收购的方式，根据每一类农产品的要求加以适当的规定。工业品方面，要实行出售原料和订购产品的

① 越南民主共和国宪法[M]. 尔雅，译校. 北京：法律出版社，1960：7.

② 各国共产主义政党文丛·越南劳动党第三次全国代表大会文件[M]. 北京：世界知识出版社，1961：164.

③ 各国共产主义政党文丛·越南劳动党第三次全国代表大会文件[M]. 北京：世界知识出版社，1961：167.

合同制度，保证收购和销售国营工业和公私合营的全部产品。”① 这个有计划的收购和供应制度，看似可以最大化地缓解产品因供应不平衡出现的矛盾，但在实际工作中，偌大一个国家要想制订出分毫不差的计划，也是很难做到的事情。由于国家强调要避免发生浪费等不合理现象，对于一些必需品的供应常常出现供不应求的短缺现象。同时，企业不需要为自己产品的销售问题担忧，所以他们在具体的生活实践中，难免会忽视消费者的需求。

第四，实行优先发展重工业的战略。越共将社会主义工业化认定为越南向社会主义过渡的中心任务。越共认为，只有实现了社会主义工业化才能为越南社会主义建设提供必要的物质和技术基础，才能为社会主义的最终胜利创造条件。同时，越共还认为，“社会主义工业化的关键是优先发展重工业”。因为“重工业是社会主义经济的基础。只有优先发展重工业，才能给工业、农业供给各种生产资料，保证不断地实现社会主义的扩大再生产，高度发展国民经济”。为此，“我们必须建立一个作为国民经济基础的重工业体系”。②

第五，在所有制结构上，追求单一制经济结构。对越南北方的农业、手工业、资本主义工商业实行社会主义改造，最终使“北方经济——主要是生产资料个体所有制的经济走上社会主义全民所有制和集体所有制的经济”。③

综上所述，经过越共三大，越南基本上形成并确立了计划经济的管理方式，但同时我们应该看到越南官僚、集中、包给的计划经济体制就

---

① 各国共产主义政党文丛·越南劳动党第三次全国代表大会文件[M]. 北京:世界知识出版社,1961:150.

② 各国共产主义政党文丛·越南劳动党第三次全国代表大会文件[M]. 北京:世界知识出版社,1961: 40 –41.

③ 各国共产主义政党文丛·越南劳动党第三次全国代表大会文件[M]. 北京:世界知识出版社,1961: 341.

是苏联模式在越南的翻版。与苏联国情不同，越南却照抄照搬苏联模式的计划经济管理体制来管理本国经济，其中当然有苏联模式强大影响力的因素，但这终究不是一个国家正确的选择。

1976 年，越南结束南北分离的状态，实现国家统一。“长期的战争环境强化了传统体制的特性，也掩盖了它的一些弊端，使社会经济运行的超常状态被作为正常状态接受下来”①，以致为了尽早实现南北经济统一，越南政府不顾南方地区的社会经济实际，贸然将北方社会主义改造方式全盘移植到南方社会主义改造中。具体表现为，农村大规模开展农业合作社建设，城市则集中精力大力发展工业，尤其是重工业，结果导致越南经济停滞。这对早已被战争折磨得千疮百孔的越南经济而言简直是雪上加霜。随着南方地区社会主义改造完成，官僚、集中、包给的计划经济体制在越南进一步巩固并走向僵化。

1976 年 12 月 14—20 日，越共四大召开。此次大会明确了今后一个时期国家社会主义经济建设的路线。越共四大通过的决议指出，越南新阶段的社会主义经济建设路线是：“促进国家的社会主义工业化，建设社会主义的物质技术基础，使我国经济从小生产走向社会主义大生产。在发展农业和轻工业的基础上，合理地优先发展重工业，把全国的工业与农业结合建成一个工农业经济结构；既建设中央经济又发展地方经济，在统一的国民经济结构中使中央经济与地方经济相结合；发展生产力与确立和完善新生产关系相结合；经济与国防相结合；在社会主义国际主义的基础上，加强同各社会主义兄弟国家的合作互助关系，同时，在坚持独立、主权和互利的基础上发展同其他国家的经济关系；使越南成为拥有现代化工农业经济、先进的文化和科学技术、强大的国防、文明和幸福的生活的社会主义国家。”② 由此可见，为统一后越南社会经

① 黄宗良，孔寒冰．世界社会主义史论［M］．北京：北京大学出版社，2004：541.

② 杨立冰．越共的“一大”至“四大”［J］．印支研究，1982（2）：17－21.

济发展定调子的越共四大，依然将“优先发展重工业，合理兼顾农业和轻工业”作为未来越南经济的发展路线。

三、俄罗斯和越南经济转轨前政治经济体制的异同

通过前文对俄罗斯和越南经济转轨前各自国家政治经济体制的阐述，不难得出如下结论。

（一）相似点

第一，两国在经济转轨前都是共产党执政的社会主义国家，实行的是高度集中的政治经济体制。十月革命后，苏联建立了世界上第一个社会主义国家，从 1928 年开始，直到二战结束，苏联在斯大林高度集中的政治经济体制指导下完成了国家由落后的农业国向先进工业国的转变，国力不断增强，并逐渐成为唯一可以同美国相抗衡的超级大国。二战后，在苏联的帮助和影响下，东欧及亚洲一些国家逐渐走上了社会主义道路，并逐渐形成了以苏联为首的社会主义阵营。“在斯大林看来，组成社会主义‘阵营’国家，应该具有共同的方式，即大家应遵循斯大林方式，在意识形态、政治经济体制、外交政策等方面都与苏联保持一致。如果离开斯大林方式一步就是反马克思主义，就是异己。”[①] 与此同时，那些二战后才走上社会主义道路的国家，一方面由于需要获得苏联的各种援助而被迫受制于人；另一方面自身确实缺乏社会主义革命和建设的经验，急需借鉴别国经验开展本国的社会主义革命和建设。因此，大部分二战后走上社会主义道路的国家选择了追随苏联，在本国建立高度集中的政治经济体制。此后，苏联模式便逐渐由一国扩展到多国，斯大林高度集中的政治经济体制实现阵营化。越南作为二战后走上

① 陆南泉．苏联经济体制改革史论［M］．北京：人民出版社，2007：109.

社会主义道路的国家，正是在这一大背景下选择并接受了斯大林高度集中的政治经济体制。

第二，两国都是因传统高度集中的政治经济体制走到尽头而被迫选择变革的。斯大林高度集中的政治经济体制之所以可以由确立、发展到稳固，与其自身的体制优势和国家当时所处的形势是分不开的。不可否认，斯大林高度集中的政治经济体制的优势，在于可以在短时间内通过行政命令的手段实现既定的目标。在高度集中的政治经济体制下，国家的大政方针从立项到审核通过再到最终执行，与西方民主政治体制相比的确可以节省很多的时间和成本。这种体制在战争年代更能充分发挥自身的优势，即在短时间内集结国家的人力、物力、财力保障前线所需各项物资。换句话说，斯大林高度集中的政治经济体制更适合战备需要。与此同时，以苏联为例，先是遭受了三年（1918 年春至 1921 年初）外国武装干涉，而后又是卫国战争（1941—1945 年），而在这期间以美国为首的西方资本主义国家始终不放弃以武力消灭苏维埃政权的企图，时刻威胁着苏维埃政权。因此，可以说，这个时期的苏联不是处于抵抗外国武装入侵的进程中，就是处于为抵御外来武装干涉而积极准备的备战中。苏联当时的处境需要一个可以在短时间内贯彻执行国家大政方针的高效率的政治经济体制，而斯大林高度集中的政治经济体制正好迎合了当时苏联的需要，因此得以由确立、发展到稳固。但是，随着苏联政权的逐步稳固，国内经济复苏并实现增长，国家实力不断增强，高度集权的政治经济体制依靠指令性计划领导国民经济发展越来越不灵了。党政不分、政企不分、粗暴的行政命令严重挫伤了企业及劳动者的积极性，国民经济发展的速度逐渐放缓，到了勃列日涅夫执政末期，苏联的经济发展已经陷入了停滞。高度集中的政治经济体制已走到了尽头，变革呼之欲出。

越南的情况跟苏联很相似。高度集中的政治经济体制使得越南北方可以在短时间内集中人力、物力、财力，一手开展北方地区的社会主义改造，全面建设社会主义经济；一手抵御法国和美国的武装侵略，并最终武装收复南方地区。但自 1976 年越南南北实现统一后，越南的国内外形势就发生了变化，国家的主要任务不再是抗击外国侵略者，而是集中精力恢复和发展生产。越南此时继续采用管理战备经济的官僚、集中、包给的计划经济体制，管理和平环境下的经济，显然是不合时宜的，尤其是对已经具备一定资本主义经济基础的南方地区，采用粗暴的行政命令手段强制实施社会主义改造，更是以牺牲南方已有的经济基础为代价的。越南经济发展遇到了瓶颈，高度集中的政治经济体制走到了尽头，只有革新才能找到新的出路。

（二）不同点

第一，高度集中的政治经济体制植入两国的方式不同。如前文所述，越南选择高度集中的政治经济体制，除了与苏联模式特有的魅力因素有关外，还与斯大林在社会主义阵营内部积极推行苏联模式有很大关系，越南高度集中的政治经济体制与其说是内生品，倒不如说是斯大林高度集中的政治经济体制外植的产物。与越南不同的是，苏联高度集中的政治经济体制却是一个苏联本土的内生品。从斯大林时代、赫鲁晓夫时代、勃列日涅夫时代直至戈尔巴乔夫时代，应该说高度集中的政治经济体制经历了从萌芽到确立，从确立到稳固，从稳固到僵化的发展历程，高度集中的政治经济体制完全是斯大林根据当时的国内外局势，为苏联量身打造的。

第二，高度集中的政治经济体制在两国的成熟度和影响力不同。之所以这样说，不仅是因为苏联是斯大林高度集中政治经济体制的发源地，还因为斯大林高度集中的政治经济体制贯穿苏联工业化运动直至苏联解体的整个时代。相比较而言，越南高度集中的政治经济体制从确立到稳固再到僵化，经历的时间比较短。从 1946 年越南民主共和国成立并选择走社会主义道路算起，直到1986年革新开放，从形成到稳定再到僵化，高度集中的政治经济体制也不过在越南经历了40年时间。此外，越南南北方地区实施高度集中的政治经济体制的时间不同。直到1976年国家实现统一，高度集中的政治经济体制才在越南南方地区生根发芽，截至1986年革新开放，也不过10年时间。而越南北方地区早在1954年《日内瓦协议》签订后就逐步确立了高度集中的政治经济体制。越南南北方长时间的分离，人为地造成了高度集中的政治经济体制在越南南北方的成熟度和影响力失衡。再加上越南高度集中的政治经济体制本身具有一定的外植性，与越南本国的具体国情结合得并不是十分紧密，由此不难断定，高度集中的政治经济体制在苏联的成熟度和影响力远高于在越南。

第三节 俄罗斯和越南经济转轨前的国情背景比较

如上所述，苏联和越南在社会主义革命胜利前，都是经济文化落后的国家。两国在革命胜利后，先后选择了社会主义道路，并都实行了斯大林高度集中的政治经济体制。同时，越南的政治经济体制还是从苏联照抄照搬来的，因此，它们之间自然有许多方面是相似甚至是相同的。但是，由于它们毕竟是不同的两个国家，在民族风俗和地区性以及高度集中的政治经济体制成熟度等方面存在差异，这又导致苏联和越南不可能完全相似，一定会在彼此共性的基础上存在个性的差异。本节将从国情背景出发，对俄罗斯和越南经济转轨前的基本情况进行比较分析。

一、苏联经济转轨前的具体国情

经济转轨前的苏联，工业、经济、科教、文化等发展水平均居世界前列，是仅次于美国的世界强国。其具体国情特点可以概括如下。

（一）实力雄厚的大国

一个国家能够堪称大国，是需要具备一定条件的。一般而言，“衡量国家大小的标准主要是基本体积。它包括国家的人口、领土、面积、资源等，具体说来，大国就意味着人口众多、幅员辽阔、资源丰富”。[①]而曾供职于美国中央情报局和美国国务院情报研究司的雷·S. 克莱因则明确提出大国的标准。他认为，只有总人口超过5000万的国家才可以称为“大国”。经济转轨前的苏联，地跨欧亚两大洲，东起白令海峡的杰日尼奥夫角，西至加里宁格勒州的波罗的海沿岸，北临北冰洋，南与亚洲多国接壤；领土面积达1707.54万平方公里，居世界第一位；人口1.41亿，居世界第八位。“已探明的资源储量约占世界资源总量的21%，是世界上唯一自然资源几乎能够完全自给的国家。”[②] 依照这些标准，无论是人口总量、资源储备，还是国土面积，经济转轨前的苏联都堪称大国，而且是一个实力雄厚的强国。之所以说苏联是一个实力雄厚的强国，主要原因如下：

首先，苏联是一个工业强国。从1928年第一个五年计划开始，苏联就开始了有计划的社会主义经济建设，并在此后的几十年间创造了较为丰厚的工业基础。“一五计划”使苏联由落后的农业国转变成工业国，仅在这期间苏联就建成了1500多家具有现代化技术装备的大型工业企业，其中包括拖拉机、飞机制造、汽车、机床制造、化学合成工业、精密仪器等工业部门。“二五计划”使苏联工业总产值跃居欧洲第一位、世界第二位。截至1937年，苏联的钢产量达到1770万吨，钢材达到1300万吨，生铁达到1450万吨，煤达到1.28亿吨，电力达到362亿千瓦时。“到1940年，苏联工业产量比1913年增长近11倍，工业产

① 关海庭. 中俄体制转型模式的比较[M]. 北京:北京大学出版社,2003:75.

② 常喆. 俄罗斯自然资源总价值约300万亿美元居全球首位[N]. 环球时报,2005-06-17.

量超过德、英、法，成为欧洲第一工业大国。”① 二战后，苏联继续保持高速的工业增长，根据统计资料，无论是工业发展速度，还是工业消费品生产发展速度，1950—1980 年，苏联的增长速度都远高于除日本之外的西方大国。以工业消费品生产为例，苏联 1980 年比 1950 年增长 9. 3 倍，而同期美国仅增长 2. 1 倍。② 高速的工业增长，使得苏联在二战后依然牢牢占据世界第二工业大国的地位。

其次，苏联是一个科技强国。解体前的苏联是一个科技强国，不仅拥有较为齐全的科研机构，从事几乎所有现代科技领域的研究工作，而且其航天技术、可控热核聚变以及磁流体发电等技术居世界领先地位。截至 20 世纪 80 年代末期，“苏联科技人员的总数约为 450 万人，其中科学工作者（含高等院校的科教工作者）151. 8 万人。……苏联每百万人口中从事研究与开发活动的科学家和工程师达 5206 人”。③

最后，苏联是一个经济大国。由于勃列日涅夫的继任者安德罗波夫和契尔年科两人执政时间加起来总共只有 3 年，戈尔巴乔夫实施改革前的苏联经济实力基本上来自勃列日涅夫执政 18 年取得的成果。总体来看，这一时期斯大林政治经济体制由稳定逐渐走向僵化，苏联经济发展速度也逐渐放缓，最后陷入停滞，但是“从 1965 年到 1981 年，国民经济固定生产基金增长 2. 42 倍，社会总产值增长 1. 46 倍，工业产值增长 1. 77 倍。勃列日涅夫时期的经济规模和发展水平，不仅是苏联历史上最大的和最高的，而且已经跃居世界第二位，仅次于美国”。④ 综上所述，俄罗斯在开启经济转轨之路前是一个十足的大国。

---

① 萨姆索诺夫．苏联简史:第 2 卷:上册[M]．北京:生活 · 读书 · 新知三联书店,1976:357.
② 孟伟,等．演变后的俄罗斯[M]．深圳:海天出版社,2010:64.
③ 国家科委国际科技合作司．苏联当代科技纵览[M]．北京:中国科学技术出版社,1990:10.
④ 李景治,等．社会主义发展历程[M]．沈阳:辽宁人民出版社,2001:415.

（二）地区经济发展不平衡

最初由莫斯科公国发展起来的沙皇俄国，从叶卡捷琳娜二世起直到十月革命胜利前，一直奉行南下和东进的进攻策略，在征服了西伯利亚地区之后又从清政府手中获得了中国东部和北部的一部分领土，从此，沙皇俄国由最初盘踞在欧洲的莫斯科公国发展成了横贯欧亚大陆的大国。然而，无论是沙皇俄国还是后来的苏联，政府都将国家的重心和中心放在西部（欧洲部分），而对于东部（远东地区）仅从战略需要的角度出发来布局，由此造成苏联地区经济发展不平衡的境况。

首先，从国家的城市布局来看，掌握国家经济命脉的大城市都集中在西部（欧洲部分）。打开苏联国家地图，我们会看到，苏联西部（欧洲部分）大大小小的城市星罗棋布，形成了庞大的城市网络，其中就包括苏联最著名的两个集政治、经济、文化于一体的超大型城市——莫斯科和列宁格勒（今天的圣彼得堡）。然而，越过乌拉尔山向东前进，直至亚洲大陆的最东端——堪察加半岛，苏联的城市网络急剧收缩并呈现锥子形。越向东进，大城市就越少，仅有的几个城市不是军事战略要地，就是能源城市，如秋明、哈巴罗夫斯克（伯力）、符拉迪沃斯托克（海参崴）。

其次，从苏联经济带布局的功能来看，西部经济带是苏联政府集中全力进行建设的地区，而东部经济带仅作为西部经济带的能源及原材料供给基地。在苏联，有两大经济带，即西部经济带和东部经济带。所谓西部经济带，主要是指位于欧洲部分的中央区、西区、伏尔加河流域以及乌拉尔区等 8 个经济区。西部经济带的面积约占苏联总面积的 25%，人口却占苏联总人口的 78.5%。这里聚集着苏联 85% 的工农业生产基地、90% 的科研机构和约 4/5 的苏联国民生产总值，是苏联的核心地区。相较于西部经济带，东部经济带是一个地广人稀、经济发展落后、自然资源丰富的地带。其主要包括西西伯利亚、东西伯利亚、远东 3 个经济区。值得强调的是，在这占苏联 75% 的国土上只生活着 21.5% 的人口，却集中了80%以上的天然气、煤炭、石油、森林、水资源等自然资源。

从20世纪50年代起，苏联着手开发东部经济带，先后建立了多个生产综合体，如秋明油田、贝阿铁路等。从政府在东部经济带建立生产综合体的行业性质来看，它们大多与能源和原材料供给有关。因此，关于东部经济带的功能定位，本书认为，苏联政府对于东部经济带的开发更多的是从西部经济带资源濒临耗尽，急需东部经济带提供能源和原材料补给的角度来考虑问题的。从东、西部经济带的功能地位，我们不难看出苏联以西部经济带为主、以东部经济带为辅的经济发展格局。

（三）经济结构不合理

苏联长期奉行优先发展重工业，忽视农业和轻工业的政策，结果导致国家经济结构不合理，具体表现在以下几个方面：

首先，不惜以牺牲农业为代价过分强调发展重工业，结果导致苏联工业和农业比例失调。在苏联，国家发展重工业的资金有相当一部分是以牺牲农民切身利益为代价换来的。“农民不仅向国家缴纳一般的税，即直接税和间接税，而且他们在购买工业品时还要因为价格较高而多付一些钱，这是第一；而且在出卖农产品时要少得一些钱，这是第二。”①沉重的赋税和过高的工农产品“剪刀差”严重挫伤了农民的生产积极性，导致苏联农业长期萎靡不振。尽管从赫鲁晓夫时代开始，就注重农业的发展，提出了一系列促进农业发展的措施，但并没有从根本上解决农业发展的问题。苏联的农业、轻工业、重工业比例失衡现象成为常态。20世纪60年代中期，苏联农业、轻工业、重工业比例大约为2∶2∶6；到了80年代初，三者之间的比例仍然为1.5∶1.2∶6，比例失衡的问

① 中共中央马克思恩格斯列宁斯大林著作编译局．斯大林全集：第11卷[M]．北京：人民出版社，1953：139.

题一直没有得到解决。

其次，工业部门内部，重工业、轻工业以及食品工业的发展呈比例失衡的发展态势。长期以来，苏联奉行高积累优先发展重工业及控制消费品的政策，结果导致国家重工业、轻工业以及食品工业发展比例失衡。一方面，苏联拥有世界先进的宇航、兵器等重工业。另一方面，苏联轻工业及食品工业发展滞后。苏联几乎无法生产民用的音响设备、录像机、摄像机等电子产品。与此同时，由于苏联实行控制消费品的政策，普通民众凭票购买食品等生活必需品，食品工业的发展受到压制。

最后，国民收入中积累和消费的比例失衡。苏联号称“最发达的社会主义国家”，综合国力仅次于美国，位居世界第二，然而，由于政府奉行高积累、轻消费的政策，普通民众的收入及消费水平与“最发达的社会主义国家”的国力严重不匹配。苏联与美国之间，普通民众的收入及消费水平差距远远高于综合国力的差距。“据统计，苏联职工工资在国民生产总值中所占比重不足30%，而发达资本主义国家，如美国其比重达62%；苏联工人平均个人消费只有美国工人的1/3，甚至还低得多。”① 积累和消费比例的严重失调，导致苏联国家与普通民众之间呈现出“国强民弱”的现象，普通民众不能及时享受到国家强大带来的实惠，势必影响对社会主义的信仰。

（四）单一的生产资料公有制

列宁逝世后，斯大林加速了苏联农业、手工业、资本主义工商业的社会主义改造，仅用了几年时间，就基本上消灭了城乡的非社会主义经济成分。以1928年为例，苏联社会主义公有制经济在国民收入、工业总产值、零售商品流转额中的比例分别是44%、82%、76.4%，而到了1937年，这些比例已经发展成99.1%、99.8%、100%。此后，社会

① 张式谷．二十世纪社会主义的回顾与前瞻[M]．南昌：江西人民出版社，1996：172.

主义公有制经济的比例不断增加，非公有制经济作为独立的经济成分逐渐被排挤出去。进入20世纪50年代，单一的、排斥非社会主义性质的公有制经济结构在苏联基本建立起来。1953年，斯大林去世。此后，从赫鲁晓夫到勃列日涅夫再到安德罗波夫、契尔年科，最后到戈尔巴乔夫，苏联开始了长达近40年的经济改革。值得指出的是，这期间的改革，唯有戈尔巴乔夫改革突破了社会主义单一的公有制经济方式，开启了苏联由计划经济向市场经济转变的新时期。除此之外，在这之前的改革，即从赫鲁晓夫到勃列日涅夫（安德罗波夫和契尔年科执政时间短暂且提出的很多改革措施并没有来得及落实，因此忽略不计），改革的措施都没有从根本上触及社会主义单一的公有制经济方式，相反，他们的改革是以维护这一传统的经济方式为出发点的。关于这一点可由表3－1、表3－2两组数字得到证实。

表3－1　苏联社会主义经济成分在国民经济中的比重　单位:%

国家	年份	国民收入	生产性固定基金	工业总产值	农业总产值	农业用地面积	零售商品流转额
苏联	1980	100.0	100.0	100.0	100.0	100.0	100.0

表3－2　苏联工业总产值不同经济成分的构成　单位:%

国家	年份	国营经济	合作社经济	私营经济
苏联	1975	97.7	2.3	0

资料来源:《经济互助委员会成员国统计资料》1986年、1987年（1988年）。

由表3－1、表3－2可知，直到20世纪80年代初，也就是苏联经济转轨开始前，苏联社会主义经济成分在国民经济中的比重较1937年的比重有过之而无不及。这个时期的苏联社会主义经济成分依然保持着单一的排斥非社会主义经济的形式。

（五）粗放型经济增长方式

所谓经济增长方式，主要是指一个国家或地区实现经济增长的方式。它可以分为两种形式，即粗放型和集约型。粗放型经济增长方式主要是指依靠增加资本、劳动等生产要素的投入来实现产出的增长从而达到经济增长的目的。其特征可以概括为：高投入、高增长、高消耗。而集约型经济增长方式则主要是指依靠技术进步、高效的生产效率来增加产出从而达到经济增长的方式。其特征可以概括为：低投入、高增长、低消耗。显然，集约型经济增长方式才是一个国家理想的经济增长方式。依照上述标准，我们来分析一下经济转轨前苏联的经济增长方式。

首先，20 世纪 70 年代以前，苏联长期保持着较高的经济发展速度。据统计，“1926—1936 年，社会总产值年均增长率高达 28. 4% 。1946—1950 年社会总产值年均增长率为 14. 2% 。1951—1980 年国民收入和工业产值年均增长率分别为 7. 4% 和 8. 7% ”[①]，远远高于同期的西方资本主义国家的经济增长速度。其次，高额投入资金和劳动力。在经济实现高速增长的同时，苏联也投入了大量的人力和物力。从 20 世纪 30 年代到 80 年代末期，苏联每年平均增加的劳动力大约为 200 万人；而每年用于基本建设的投资总量约占国家全年国民收入的 30% ，约占国家预算支出的 50% 。与此同时，苏联基建投资的增长率高于国民收入的增长率。以 1961—1987 年为例，这期间苏联国民收入年均增长率为 5. 4% ，而这一时期基建投资的年均增长率为 5. 6% ，高于同期国民收入年均增长率 0. 2 个百分点。最后，工农业生产中浪费惊人，单位产品的物资消耗大。据相关资料统计，20 世纪 80 年代初期，苏联工业产品的“单位产品原材料消耗量为西方国家的 2. 5 倍，能源消耗为西方国家的 1. 5 倍，工业劳动生产率却只为西方国家的 1/4”。[②] 与此同时，苏联对农业领域的投入也远远高于西方国家。苏联把占国家投资总额 27% 的资金以及占国家总劳动力 20% 的人力用于农业生产领域，而同期美

---

① 陆南泉．前苏联经济增长方式评述[J]．经济学动态，1995(11)：75 - 78.

② 孟伟，等．演变后的俄罗斯[M]．深圳：海天出版社，2010：76.

国对农业领域财力和人力的投资比例则分别只有5%、3%。但令人遗憾的是，这一时期苏联农业劳动生产率只有美国的1/7。

综上所述，依据粗放型经济增长方式和集约型经济增长方式各自特征的对比，经济转轨前的苏联经济增长方式具有明显的高投入、高增长、高能耗的特征，属于粗放型经济增长方式。值得强调的是，进入20世纪70年代以后，苏联的经济发展速度明显放缓，苏共二十四大正式提出经济增长方式由粗放型向集约型过渡。但1973年世界爆发石油危机，西方资本主义国家陷入经济危机，“苏联却呈现出非常乐观的局面，原因是，石油的高价格使苏联本来十分严峻的经济困难，通过石油出口而掩盖了起来。……突然降临的石油财富，使苏联的粗放型经济增长方式得以继续维持，使制度改革的问题，变得不合时宜了”。① 由此，苏联经济增长方式由粗放型向集约型转变的战略便被搁置下来，直至戈尔巴乔夫改革。

二、越南经济转轨前的具体国情

（一）连年战争使得越南经济基础异常薄弱

越南是一个美丽的中南半岛国家，地处东南亚中心，三面环海；全年气候温暖湿润，土壤肥沃，矿产资源十分丰富；国家面积为32.9万平方公里，地形呈“S”形。“截至1983年6月底，越南全国总人口共有5718万，人口密度为每平方公里174人。”② 一句话，越南是一个自然条件较为优越，人口密集的国家。如果加以合理地开发和经营，越南一定会是个美丽富饶的国家。然而，近代以来，越南却很少有空闲时间建设自己。它先是遭受了法国、日本等殖民者长达一个世纪的统治和奴

① 张剑荆．中国崛起：通向大国之路的中国策［M］．北京：新华出版社，2005：202.

② 李守明．浅析越南面临的人口问题［J］．印度支那，1985(5)：19－22.

役。而在 1945 年获得独立之后，越南又经历了多次战争。如 1946—1954 年的抗法战争、1954—1975 年的抗美战争、1978—1989 年的越柬战争、1979—1989 年的中越边境军事冲突。值得强调的是，在这四场战争中，前两场战争是越南抵抗法国和美国侵略者的战争，对于越南来说是正义的战争；而后两场战争则是越南主动发动的，对于越南来说则是非正义的战争。长时间遭受殖民统治加上连年的战争，经济转轨前的越南经济基础异常薄弱。

首先，长期遭受殖民者的统治和奴役，使得越南的经济基础异常薄弱，几乎没有自己的工业，是一个十足的亚洲型落后的农业国。“农业人口占 90% 以上，土地分散经营，技术落后，商品和货币的关系尚未发展。农村和山区主要是按照自给自足的方式生活。在中部高原地区还存在着原始公社制度的残余，文化、科学、技术受到法国殖民制度的钳制而落后，‘监狱比学校还多’”。① 其次，独立后长达 30 年的战争使得越南无暇集中精力组织国内生产，国内经济基础依然薄弱。尽管受到来自经济互助委员会成员国的大力支援，但总体来说，经济转轨前的越南依然是一个小生产占绝对优势的落后的农业国。截至 1980 年，越南“农村人口占总人口的 80%。国民经济的构成中，工业仅占 27%，农业占 45%。农业比重大大超过工业。重工业少而分散，轻工业大部分为小手工业。20 世纪 80 年代初小手工业者有 200 万，占工业总劳动力的 2/3，其产值约占工业总产值的 50%。人均国民收入相当低，1978 年仅为 100 美元”。②

（二）外援力量在越南社会主义经济建设中发挥着重要作用

自 20 世纪 50 年代以来，越南的基础建设得到了经济互助委员会各

① 陶文集．越南经济 45 年[M]．许志生，等，译．南宁：广西人民出版社，1992：2.

② 古小松．越南的经济改革[M]．南宁：广西人民出版社，1992：5.

成员国，尤其是苏联近乎无偿的援助。正是这些援助为越南后来的经济建设打下了坚实的基础。之所以这样说，主要是因为：首先，外援力量帮助越南建立了许多关乎国家经济基础的工业基地和厂矿。连年战争使越南国民经济基础异常薄弱，几乎没有工矿企业。在苏联的援助下，越南先后建起了一系列大型工业基地和厂矿企业，这些工业企业成为越南坚实的社会主义经济基础。1955—1959 年，越南在苏联的援助下建成并投入使用的工业企业主要包括河内工具厂、临滔磷肥厂、煤矿、老街磷灰石矿等。1960—1975 年，越南在苏联的帮助下共完成了 122 个工业项目和 37 个国营农场项目的建设，其中就包括著名的汪秘热电厂和它巴水力发电站。1976 年，越南统一后，在苏联的带领下，保加利亚、匈牙利、民主德国、波兰等经济互助委员会成员国为越南提供了大量的原材料和技术，并先后帮助越南修复了南北铁路、红河升龙大桥、河内火车站以及河内—海防铁路的扩建工程。总之，在以苏联为首的经济互助委员会成员国的援助下，截至革新开放前，越南恢复、改造和建设了近 300 项工程，同时这些工程在越南重要经济部门中占据了主导地位。“如 90% 的煤炭产量，1/3 的发电量，50% 的水泥和锡矿产量，过磷酸钙、硫酸的生产等。”①

其次，越南用于经济恢复和发展的相当一部分物资来自以苏联为首的经济互助委员会成员国提供的优惠贷款甚至是无偿捐献。据统计，“1955—1980 年的 25 年间，苏联向越南提供和答应提供的经济援助总额约 70.6 亿美元。……1981—1985 年为 63.8 亿美元，1986—1990 年为 100 亿美元”。同时，“1978 年越苏签订《友好合作条约》时，苏联勾销了 1975 年 8 月以前越南欠苏联的全部债务”。② 越南官方承认“苏

① 张雪．苏越经贸关系三十年[J]．印度支那，1985(4):26－29.

② 王士录．当代越南[M]．成都:四川人民出版社，1992:174.

联对越南的经济援助占越南总预算的25%～30%”。[①] 与此同时，作为率先承认越南民主共和国的中国，从越南成立初期就不断慷慨地对其实施援助。截至1978年，中国援助越南“450个成套设备项目，346亿米棉布，3.5万辆汽车，500多万吨粮食，200多万吨汽油，3000多公里油管，6.35亿美元的现汇。这些援助不附带任何条件，绝大部分是无偿捐献的，一小部分是无息贷款”。[②]

综上所述，长期以来以苏联为首的经济互助委员会成员国对越南实施了慷慨的援助。战后缺资金、缺技术的越南正是在它们的帮助下逐渐建立起社会主义经济基础的。因此，依赖外援恢复和发展本国经济是越南革新开放前的一个重要国情。

（三）南北经济社会发展差异大

1945年，越南民主共和国成立；1954年，越南南北方分而治之。北方地区在以胡志明为首的越南共产党领导下开始向社会主义过渡。而南方地区则在美国的扶持下走上了资本主义发展道路。1975年，越南北方地区武力平定南方地区；1976年，越南实现国家统一。帝国主义的武装干涉造成了越南北方和南方分而治之达20年之久。长期的分而治之加上自然地理因素，使得越南经济发展存在着较为明显的差异。具体表现在以下几个方面：

首先，南方和北方地区社会主义经济基础建设发展不平衡。南北方统一前，越南北方地区在越南共产党的领导下，早在1958年就开始了大规模的社会主义改造。“北方社会主义改造时期之后，其经济基础较纯，有以下两种主要形式：全民和集体，个体经济越来越被缩小，私人资本经济和国家资本主义经济被废除。1975年社会主义（国营和集体）

---

① 天一．中越边贸实用指南[M]．北京：人民日报出版社，1993：186.

② 舒云．1976年前经济援助110多国　中国“慷慨”了多少钱？[EB/OL]．https://net.blogchina.com/blog/article/912091.

占社会总产值的88.4%，国民总产值的84.4%、工业总产值的95.5%、农业总产值的97.1%。"[①] 同时期的越南南方地区则在美国的扶植下发展了资本主义经济。随着时间的推移，南方地区的资本主义经济在"许多行业和许多城乡中发展很快，并开始在南部多种经济成分中确立起统治地位"。而在南方地区的农村，西贡政权为了争取更多农民的支持，早在20世纪60年代就开始了土地改革，将地主的土地分给农民，使绝大部分农民拥有了自己的土地。可以说，"在北方实行农业集体化的时候，南方农村的特征却是农民有产化"。[②] 南北方的社会主义经济基础建设相差近20年，决定了越南政府无法在短时间内实现南北经济的统一。

然而，越南政府却一意孤行，企图通过行政命令手段在短时间内实现南北方经济的统一。粗暴、冒进的行政命令仅是在社会主义制度上实现了南北两方的统一，但实际效果不佳。以南方地区农村社会主义改造为例，南方地区农村合作社中的集体农户收入和劳动效率都低于个体农户。"与1978年相比，1980年耕作面积减少24500公顷，粮食产量减少4.1万吨。到1980年底，整个南方只剩下3739个生产集团和137个合作社，而这些数字中的组织不少已名存实亡。"[③] 可以说，越南政府对南方地区的社会主义改造是不成功的。此外，从1976年国家统一到革新开放前，越南南方地区社会主义经济基础建设总共才有10年的时间，相较于北方地区近30年的社会主义经济基础建设自然是薄弱许多。

其次，南北方经济结构及发展水平差异大。第一，南北方地区经济发展的侧重点不同。北方地区侧重于重工业的发展，而南方地区则侧重于轻工业的发展。北方地区出于战争的需要和受到苏联模式的影响，比

① 陶文集．越南经济45年(1945—1990)[M]．许志生，等，译．南宁：广西人民出版社，1992：38.

② 黄云静．全国统一后越南政府消除南北发展差异的措施及其效果[J]．南洋问题研究，2010(1)：51－56.

③ 陶文集．越南经济45年(1945—1990)[M]．许志生，等，译．南宁：广西人民出版社，1992：99.

较重视工业，尤其是重工业的发展；同时，由于资金有限，大部分资金用于重工业的发展，忽视了农业和轻工业的发展。截至1975年底，北方地区不但形成了颇具规模的物质技术基础的工业部门，而且建成了一大批重工业项目。如“煤炭年产700万吨，铁年产14万吨，锡年产600吨，机床年产800个，小型拖拉机年产300台，化工业可生产苏打、硝酸、化肥、除虫剂等”。[①] 可见，北方地区的“经济结构从农业—服务业—工业，已经转向了工业—农业—服务业，且到1975年其比例为36.8∶43.3∶28.9”。[②] 与此同时，长期受控于西方资本主义国家的南方地区因受到占领国经济需求及本地区自然环境等因素的影响，依然维持着农业—服务业—工业的经济结构，而且工业中更侧重于轻工业的发展。该地区的食品、香烟、纺织业等轻工业部门较为发达，其产值几乎占据了整个工业部门产值的90%以上；而重工业的发展却比较薄弱，除了电力供应外，像机械、冶金等重工业的产值还不到工业总产值的6%。

第二，南北方地区企业规模不同。北方地区由于重视重工业的发展，从部门发展需要来看，其规模必然要大一些。而南方地区虽有大型企业，如“发电能力84万千瓦的电站，生产能力为4万吨的冶炼厂，5万吨的造纸厂，11盒香烟的烟厂等”[③]，但总体来说，雇佣10人以上的企业仅为1%，绝大部分企业为小微型企业。

第三，南方地区的工业设备比北方地区先进。受西方资本主义占领国的影响，南方地区引进的工业设备几乎全部来自法国、美国、日本等工业工艺先进的国家，尤其是西贡（今天的胡志明市）装备了当时相当先进的机器设备投入生产。相较之下，北方地区的工业设备则主要来源于苏联等经济互助委员会成员国，而经济互助委员会成员国大多是工

---

① 陶文集．越南经济45年(1945—1990)[M]．许志生，等，译．南宁：广西人民出版社，1992：72.

② 游明谦．当代越南经济社会发展研究[M]．香港：香港社会科学出版社有限公司，2004：31.

③ 陶文集．越南经济45年(1945—1990)[M]．许志生，等，译．南宁：广西人民出版社，1992：74.

业落后的国家，尽管苏联是先进的工业国，但其工艺水平与西方国家存在差距。与此同时，南方地区还从西方占领国引进了电子、精密机床等产业，虽然发展水平不高，但已可以生产缝纫机、电视机等高档电子产品。

第四，南方地区农业机械化水平高于北方地区。早在20世纪60年代，西贡政权在实施土地革命的同时，就颁布了向购买农机设备的农民发放优惠贷款的政策，鼓励农民采用机械化作业方式提高农业产量。同时，作为农民，为了提高粮食产量，他们非常愿意为自己的土地投资现代化的农机设备。如此一来，农民乐意，政府支持，使得南方地区农业机械化水平高于北方地区。

第五，南方地区发展商品经济的经验优于北方地区。长期受到西方资本主义占领国的影响，截至1976年越南南北方统一，南方地区的商品经济已经得到了一定的发展，城乡遍布大小商业网点，“金融业也比较发达，已形成包括中央银行、商业银行、投资发展银行的银行系统，业务管理水平也达到了国际标准”[①]。而北方地区经过20余年的社会主义改造，全民所有制和集体所有制经济已经占据了国民经济的主导地位，个体经济等非社会主义性质的经济基本遭到禁止。尽管由于战争北方地区的个体经济还有生存的空间，但其力量微乎其微。

（四）单一的公有制经济

总的来说，革新开放前，越南的经济成分经历了一个由多元化向一元化转变的过程。截至1976年越南南北统一前，越南北方地区经过多年的社会主义建设，“社会主义经济在工业中所占的比重增加到

① 陶文集．越南经济45年（1945—1990）[M]．许志生，等，译．南宁：广西人民出版社，1992：193.

91.9%，在农业中达到78.3%，社会主义经济部门的总产值占国民经济总产值的88%”。[①] 可以说，社会主义经济已在北方地区确立了主导地位。而同期南方地区的经济则是由资本主义经济主导的，同时伴有个体经济。由此可见，统一前越南的经济呈现多元化的结构。1976年，越南实现国家统一。为了尽快实现南北经济统一，全面开展社会主义建设，越共四大提出：“要取消资本主义私有制，改造农民和手工业者的个体所有制，通过适当的方法与步骤，确立两种形式的社会主义所有制：全民所有制和集体所有制。必须大力发展日益强大的国营经济；迅速建设集体经济，进行农业合作化并使农业走向社会主义大生产。根据国家计划的方向和任务用社会一切主要生产资料，为整个社会利益服务。”[②] 在越共四大精神的指引下，南方地区开展了大规模急促的社会主义改造。“到1980年止，南方90%以上的私人企业被没收或合并，87%的农户和78%的土地被强行集体化。”[③] 同时，被接管的私人企业几乎全部转为国营企业。资本主义私人商业遭到废除。经过一系列的社会主义改造，越南经济结构完成了由多元化向一元化的转变。“公有制经济在全国工业总产值中所占的比重由1976年的42.4%迅速增加到1985年的84.6%。”[④] 显然，公有制经济已经完全在越南经济中确立了主导地位。

此外，尽管连年战争，越南的经济基础遭受了严重破坏，但北方地区和南方地区分别在以苏联为首的经济互助委员会成员国和以美国为首的西方国家帮助下实现了经济增长。虽然革新前的越南经济增长具有周期波动性的特点，时而大幅上升，时而大幅下降，如越南1971年经济

---

① 刘燕．革新开放以来越南所有制结构变动研究[D]．昆明：云南师范大学，2003：6.

② 古小松．越南的社会主义[M]．北京：人民出版社，1995：70.

③ 古小松．越南的社会主义[M]．北京：人民出版社，1995：70.

④ 刘燕．革新开放以来越南所有制结构变动研究[D]．昆明：云南师范大学，2003：11.

增长率为 -10.5% ，1976 年为 6.3%，而到了 1980 年又变成了 -4.8%。[①] 但总体来说，实现增长的方式离不开大量物资投入，也就是说仍然属于粗放型的经济增长。对此，《越南经济时报》在对以往越南经济增长特征进行总结时也曾指出，越南的经济增长“主要依靠广度投资和资本投资”，同时“还依靠扩大资源开发”。[②]

三、俄罗斯和越南经济转轨前的国情背景比较

通过上文对俄罗斯和越南经济转轨前各自国情的阐述，我们看到，一方面，两国在经济转轨前都是社会主义计划经济体制国家，而且苏联对越南开展社会主义经济建设给予了巨大帮助，越南是苏联的“好兄弟、好学生”，两国之间的关系甚至可以用“盟友”来形容；另一方面，俄罗斯和越南毕竟是两个不同的国家，有着各自特殊的历史及自然环境等因素的差异，导致两国在相似国情背景中还存在着差异。总之，用“相似中蕴含着差异，差异中隐含着相似”来形容俄罗斯和越南经济转轨前国情背景之间的关系是比较恰当的。

（一）两国的经济发展都不平衡，但缘由各不相同

俄罗斯和越南的经济都存在着不平衡发展的问题。俄罗斯经济发展不平衡的问题在于西部经济带经济发展水平高于东部经济带。而越南经济发展不平衡的问题在于南方地区的经济发展水平要好于北方地区，平原地区经济好于山区经济。虽然两国都面临着经济发展不平衡的问题，但引发两国经济发展不平衡的原因各不相同。对于俄罗斯来说，引发东西部经济发展不平衡的主要原因在于苏联政府对东西部经济带的功能定

① 保建云. 国际区域合作的经济学分析：理论模型与经验证据[M]. 北京：中国经济出版社，2008：205.

② 越南经济增长的 7 大特点[EB/OL]. http://www.mofcom.gov.cn/aarticle/i/jyjl/j/201012/20101207322794.html.

位不同。众所周知，苏联的版图是由位于欧洲的莫斯科公国逐渐向东扩张而来的。尽管苏联的领土大部分位于亚洲，但历届苏联政府都将国家的重心放在了西部经济带（欧洲部分），这里集结了苏联的政治、经济、文化中心。而对于东部经济带（亚洲部分），尽管这里积聚了全国大部分的国土和自然资源，但它的存在一直是基于国家战略部署的需要。这一点仅从东部经济带城市的形成就可以得到证实。位于东部经济带的城市大多不是基于铁路沿线支点建立起来的，就是基于国家某项重点厂矿项目发展起来的。如远东地区阿穆尔河畔共青城就是在苏联“一五计划”期间那里的造船厂和飞机制造厂基础上发展起来的城市。而对于越南来说，引发地区经济发展不平衡的主要原因在于历史遗留和自然地理环境。长久以来，越南南方地区和北方地区聚少离多。尤其是1954—1975年，北方地区在以胡志明为首的越南共产党领导下走上社会主义发展道路，而南方地区则在美国等国的扶持下走上了资本主义发展道路。长期的分而治之加上社会制度和经济发展方式不同，造成了越南南北方经济发展的不平衡。受美国资本主义经济发展方式的影响，南方地区在市场机制的刺激下，工农业整体发展水平高于北方地区。而“靠天吃饭”的越南农业由于山区和平原的自然环境差异大，平原地区农业生产力高于山区农业生产力。

（二）两国都是社会主义计划经济体制国家，但其所处社会主义不同的发展阶段，综合国力也不同

经济转轨前的苏联和越南都是社会主义计划经济体制国家，但是它们开展社会主义建设的时间不同，开展社会主义建设的初始条件以及运行条件不同，导致两国所处社会主义不同的发展阶段和综合国力的差异。对于苏联这个国土面积世界第一、世界唯一可资源自给自足的国家，从1917年十月革命胜利后就走上了社会主义发展道路，二战前就实现了落后的农业国向先进的工业国转变。截至戈尔巴乔夫改革前，苏

联的社会主义建设已经走过了60多年，并且取得了巨大成就。尽管勃列日涅夫认为苏联已经进入“发达社会主义阶段”的论断有些超出苏联社会主义建设的实际水平，但苏联社会主义建设的实力和规模远远超过其他社会主义国家，是毋庸置疑的事实。与此同时，经过几十年的社会主义建设，苏联的综合国力不断增强。它不仅在社会主义阵营内首屈一指，就算在全球范围内也是仅次于美国的超级大国。

相比之下，越南这个国土面积只有32.9万平方公里的中南半岛国家，在1945年之前还是殖民地。“八月革命”胜利后，越南才成立越南民主共和国，此后又先后遭到法国、美国的武装干涉，经历了长达30年的战争。尽管越南北方地区在1954年得以进行大规模社会主义建设，但连年战争常常使北方地区的社会主义建设被战争打断，而南方地区直到1976年才得到解放。截至1986年革新开放，越南真正大规模全面开展社会主义建设的时间只有10年。社会主义经济建设时间短以及受到战争影响社会主义经济初始条件和运行条件差，使得越南无论是在社会主义发展阶段，还是在综合国力上，都无法与苏联相媲美。关于越南在经济转轨前所处社会主义发展阶段问题，越共六大更是以越南尚处于向社会主义过渡的初级阶段进行了回答。

第四章

俄罗斯和越南国有企业改革比较

俄罗斯和越南在经济转轨的浪潮中各自迎来了国有企业改革。虽然两国的社会制度迥异，导致国有企业性质的显著不同，但回溯至经济转轨前，苏联和越南同为社会主义国家，而且越南在一定程度上借鉴了苏联的社会主义模式，这使得两国国有企业在某些方面呈现出相似之处。正是基于这种初始条件的相似性，本章将对俄罗斯和越南的国有企业改革进行深入的比较分析，以揭示两国在改革过程中的异同点、改革成效的对比，以及这些异同点背后的深层次原因。

第一节 俄罗斯和越南国有企业性质的界定

国有企业是世界范围内一种较为普遍的经济组织。它不仅在社会主义国家拥有相当规模，在资本主义国家也具有一定的规模。可以说，“在各种体制下，国有企业都有其共性，但不同的制度安排对国有企业有着很大的影响”。[①]正是基于这个原因，社会主义国家的国有企业与资本主义国家的国有企业在性质上才会存在较大差异。

一、资本主义国家国有企业与社会主义国家国有企业的性质比较

在如今的资本主义国家里，除了存在大量的私有制企业外，还存在

① 徐传谌，郑贵廷．国有经济理论前沿报告（2001）[M]．北京：经济管理出版社，2001：4.

少量的国有企业。资本主义国家国有企业来源于国家的国有化行为。二战后，西方资本主义国家掀起了国有化的浪潮。如20世纪40年代中后期和70年代，英国先后开展了两次大规模的国有化运动。二战后，法国也分别对电力、煤炭、石油、银行领域的企业实施国有化。据统计，在国有化运动最高峰时，英国和法国国有企业占全部企业的比重一度高达1/5。此外，美国也在二战期间组建了大约2800家国有企业，涉及航天、机床制造、铝业、合成橡胶等领域。由此可见，国有企业对于当今的西方资本主义国家来说并不陌生。从二战后西方国家掀起国有化浪潮算起，资本主义国家国有企业已经经历了相当长的发展时间。那么，资本主义国家国有企业是怎样的，它又具有什么样的性质？关于国有企业的含义，各资本主义国家的说法不一，至今还没有形成公认的严格定义。不过，欧洲是发达资本主义国家的聚集地，这里集中了英、法、德、意等众多老牌资本主义国家，而且这些国家都曾有过大规模的国有化行为，因此，本书认为，欧共体对国有企业的阐释更具有代表性。欧共体将国有企业称为“公营企业”。它将公营企业定义为“政府可以凭借它对企业的所有权、控制权和管理条例，对其施加直接或间接支配性影响”① 的企业。简单来说，所谓资本主义国家国有企业，就是由政府通过投资兴建或对私有企业实施国有化的方式形成的，并接受政府直接或间接影响的企业。

关于资本主义国家国有企业的性质，恩格斯早在《反杜林论》中就给予了明示。恩格斯指出，不管资本主义企业的组织形式如何，“本质上都是资本主义的机器，资本家的国家，理想的总资本家。它越是把更多的生产力据为己有，就越是成为真正的总资本主义，越是剥削更多的公民。工人仍然是雇佣劳动者，无产者。资本关系并没有被消灭，反

① 帕里斯，等．西欧国有企业管理[M]．大连：东北财经大学出版社，1991：2.

而被推到了顶点”。[①] 也就是说，尽管资本主义国家国有企业是适应资本主义社会化生产需求产生的，但是其并没有摆脱资本主义社会生产的性质。资本主义国家国有企业只不过是资本家为了维护统治地位建立起的一种企业组织形式罢了。此外，西方资本主义国家在二战后出现国有化浪潮之后，又于20世纪80年代出现了国有企业私有化浪潮。资本主义国家时而对私有企业实施国有化，时而对国有企业实施私有化的行为，也证明了资本主义国家国有企业的存在只不过是资本主义国家调节经济的一种手段。同时，从资本主义国家国有企业所有权的归属上看，国有企业的所有权表面上看属于社会全体成员，实际上却掌握在控制国有企业的那些人手中，这些人大多是政客或官僚，是垄断资本的代理人。从这个意义上讲，资本主义国家国有企业的存在不是为全体社会成员谋利益，而是为垄断资本及其代理人谋取利益。它实际上是国家垄断资本主义的一种形式。总之，“资产阶级经济学家称之为大众的或社会的国家所有制，形式上属于全国人民所有或整个社会所有，实际上依然保存着资本主义的剥削性质”。[②] 也就是说，作为资本主义国家垄断资本主义的主要形式，资本主义国家国有企业在具有国有企业一般性特征，同时受到资本主义制度的深刻影响下，依然具有资本主义的剥削性质。综上所述，我们可以把资本主义国家国有企业的性质归纳为三点：第一，资本主义国家国有企业是资本主义国家调节经济的一种手段，是资本家为了维护统治地位建立的一种暴力组织形式；第二，资本主义国家国有企业是国家垄断资本主义的一种形式；第三，资本主义国家国有企业依然保存着资本主义的剥削性质。

与资本主义国家国有企业性质不同，社会主义国家国有企业具有社会主义公有制性质，是建立在生产资料社会主义公有制基础上的企业。

① 恩格斯．反杜林论[M]．北京：人民出版社，2018：301.
② 傅殷才．经济学基本理论[M]．北京：中国经济出版社，1995：161－162.

就其所有权来看，社会主义国家国有企业属于全民所有，其存在的意义在于维护社会主义政权和为社会主义国家全体人民谋利益。一句话，作为公有制经济的主要实现形式，社会主义国家国有企业是国家控制经济的重要手段和国家经济实力的重要体现。

二、俄罗斯和越南国有企业性质的界定

经济转轨前，俄罗斯和越南同为社会主义国家，因此两国国有企业的性质是相似的，即都具有社会主义公有制性质，都是国家控制经济的重要手段和国家经济实力的重要体现。但是，苏联解体后，俄罗斯社会制度发生了变迁，即资本主义制度取代了社会主义制度。为了尽快建立起资本主义制度的经济基础——私有制，俄罗斯对国有企业实施了大规模的私有化。大规模私有化运动结束后，俄罗斯 70% 以上的国有企业通过不同形式实现了私有化，剩余下来的国有企业也仅存于那些私人企业不愿涉足的产业。国有企业不再是俄罗斯经济的主导力量，而是沦为私有制经济的补充。由此，俄罗斯国有企业的性质也发生了变化，即国家垄断资本主义性质取代了社会主义公有制性质。此时的俄罗斯国有企业与之前相比较，已经成为维护资本主义制度的一种组织，尽管它的所有权、控制权掌握在国家手里，但实际上国家也是通过代理人完成这项工作的。而在俄罗斯现实社会中，充当国家代理人管理国有企业的人，大多是官僚或政客，他们都是垄断资本的代理人。从这个意义上说，此时的俄罗斯国有企业已经转变为垄断资本及其垄断资本代理人谋取利益的国家垄断资本主义。

与俄罗斯的情况不同，越南在经济转轨的进程中，始终以坚持和完善社会主义制度为根本前提。因此，处于经济转轨进程中的越南，尽管对国有企业实施了一系列变革，如对国有企业进行重组、清算，但其国有企业的性质没有发生根本性的变革，依然具有社会主义公有制的性

质。之所以这样说，主要是因为，通过一系列的变革，越南国有企业依然具有以下特征：第一，国有企业的经济质量在改革的过程中，不但没有下降，反而得到了提升。这使得国有经济依然占据着越南国民经济的主导地位。第二，越南的国有企业依然建立在社会主义公有制基础上。第三，越南国有企业依然是越南政府控制国民经济的重要手段和国民经济实力的重要体现。总之，处于经济转轨进程中的俄罗斯和越南的国有企业，由于受到不同体制的影响，性质大不相同。

第二节 俄罗斯和越南国有企业改革背景比较

俄罗斯和越南国有企业改革背景具有一定的相似之处，但也存在着明显的差异。相似之处在于，两国都不同程度存在国有企业效率低下、资源配置不合理、债务负担沉重等问题。因而，两国进行国有企业改革都有解决国有企业效率不高、竞争力不足的意图。与此同时，俄罗斯和越南国有企业改革背景也存在不同之处。俄罗斯的国有企业改革主要是在苏联解体后进行的，面临着政治和经济转轨的双重压力。越南的国有企业改革则是在计划经济体制向市场经济体制转变的过程中进行的，其改革相对较为平稳。总的来说，尽管两国的国有企业改革背景各有差异，但都致力于提高国有企业的经济效益和竞争力。

一、国有企业在传统社会主义国家中的地位和存在的问题

在传统的社会主义国家中，国有企业作为公有制企业的主要形式，无论在经济规模还是在经济质量上，都占据着国民经济的主导地位，是国家控制经济的重要手段和国家经济实力的重要体现。然而，国有企业是一把“双刃剑”，数量众多的国有企业除了帮助国家掌控国民经济，体现国家经济实力外，也给社会主义国家的经济发展带来了严重的问

题。一方面，国有企业除了普通的商业盈利功能外，还兼具重要的调控国家经济的职能。因此，国有企业集中在具有国家战略意义的产业中，会较好地帮助国家掌控国民经济命脉，但国有企业过多地渗入各个产业，尤其是没有涉及国家经济命脉的产业中，就会因经济控制过于严格而出现不利于经济发展的局面。另一方面，国有企业的数目过多，会造成国家无法有效监控国有企业的尴尬局面，其结果必然是国有资产的安全受到危害。一般而言，传统的社会主义国家都面临着国有企业数量过多、效率不高、债务沉重、竞争力不足等难题。国有企业的高效运转和高质量发展，符合国家利益。尽管俄罗斯的国有企业改革是在政治、经济双重转轨的背景下开展的，比越南的国企改革背景更复杂一些，但俄罗斯和越南推进国有企业改革都致力于提高国有企业的经济效能和竞争力，并在改革过程中都取得了显著的成果。

二、改革前俄罗斯和越南国有企业发展状况比较

受到国有企业自身功能的影响和马克思主义经典作家相关理论的影响，如恩格斯曾论述道："在这个全新的社会组织里，工业生产将不是由相互竞争的单个的厂主来领导，而是由整个社会按照确定的计划和所有人的需要来领导。……废除私有制甚至是工业发展必然引起的改造整个社会制度的最简明扼要的概括。"① 大多数社会主义国家在取得社会主义革命胜利后，都积极发展本国国有企业，使国有企业无论在数量上，还是在经济质量上，都占据国家经济的主导地位。经济转轨前同为社会主义国家的俄罗斯和越南也不例外，两国的国有企业规模和经济质量都在本国经济中占据绝对优势，不仅成为国家控制经济的重要手段，还是国家经济实力的重要体现。据统计，"1988 年初，大中型国有企业

① 马克思，恩格斯．共产党宣言[M]．北京：人民出版社，2018：83－84.

的职工人数和产值均占苏联职工总数和国民生产总值的95%”。[①] 而1986年，越南革新开放前，越南国有企业总数为3224家，其中，中央企业724家，地方企业2500家[②]，其国有企业产值占国民生产总值比重也在80%以上。经济转轨前，数目众多的国有企业使苏联和越南得以将国家经济牢牢控制在政府手中，然而，这里的国有企业并不具备企业生产经营自主权。从生产计划到销售计划，再到分配计划，国有企业只有参与权，而没有决定权。国有企业只对上级管理机关下达的指令性计划负责，而无须对市场负责，结果导致国有企业丧失了本身作为一个企业应该具备的追逐经济效益的特征，从而沦为国家调控经济的手段。与此同时，随着指令性计划越来越多地渗入国有企业各项工作环节，无须以追求经济效益最大化为生产工作目标的国有企业，经济每况愈下，逐渐从社会主义国家经济实力的表率，沦为社会主义国家经济发展的负担。20世纪80年代中后期，苏联和越南纷纷走上了由计划经济向市场经济转轨的道路，国有企业纷纷成为改革的重点对象。

第三节　俄罗斯和越南国有企业改革的方向与基本方法比较

俄罗斯的国有企业改革基本上是在政治转轨和经济转轨的双重任务下展开的，因而，其与越南在国有企业改革方向和基本方法上存在着明显的差异性。同时，尽管两国的国有企业改革差异性明显，但是都有一个共同目标，即都致力于推动本国国有企业向市场化、法治化、自主创新的方向发展，以提高企业的竞争力和经济效益。

---

① 宋琦．法人社会主义[M]．北京：中共中央党校出版社，2006：54.

② 杜氏秋恒．越南国有企业产权改革研究[D]．长春：吉林大学，2008：61.

一、俄罗斯和越南国有企业改革方向比较

俄罗斯自1991年苏联解体后社会制度发生了变迁，即社会主义制度遭到废弃，资本主义制度重新得到确立。在这一背景下，俄罗斯国有企业改革的方向主要具有如下特征：首先，这是一场以彻底摧毁社会主义经济基础、建立资本主义经济基础为目的改革。独立后的俄罗斯，尽管社会制度发生了逆转，资本主义制度取代了社会主义制度，但是70余年积累下来的社会主义制度赖以生存的经济基础不会随着社会主义制度在俄罗斯的终结而完全消失。为了防止改革发生逆转，叶利钦时代的俄罗斯在由计划经济向市场经济转轨的进程中，对待社会主义经济基础——公有制经济，往往是采取彻底摧毁的做法。其次，倡导多种所有制形式，不会完全消灭以国有企业为主要表现形式的公有制经济，但公有制经济只能作为私有制经济的辅助经济形式存在。象征着资本主义制度的经济基础——私有制经济将取代公有制经济占据国民经济的主导地位，同时缩小国有企业的规模和降低国有企业的经济质量，使其仅存在于私营经济无力承担或不愿意承担的领域。最后，受到美国自由市场经济方式的影响，叶利钦时代的俄罗斯主张减少政府对企业和市场的限制与监控。一句话，政府对经济的干预越少越好，让市场充分发挥资源配置的作用。改革后的国有企业像其他企业一样进入市场，成为市场的主体，恢复其“大部分收入依靠出售商品和劳务”[①] 的企业特征。

国有企业改革是1986年越南革新开放以来向市场经济转轨的重要内容。就其国有企业改革的方向而言，越南的国有企业改革明显不同于俄罗斯的国有企业改革，它具有明显的社会主义定向性质。具体表现在以下几个方面：首先，越南国有企业改革是以发展社会主义市场经济为

---

① 杜氏秋恒. 越南国有企业产权改革研究[M]. 长春:吉林大学,2008:54.

目标的，而不是发展资本主义的市场经济。也就是说，越南的国有企业改革是以巩固社会主义经济基础、维护社会主义制度为前提的，其实质是社会主义经济基础的自我完善。其次，允许多种所有制经济形式存在，但是公有制经济要占据国民经济的主导地位。同时，允许和鼓励个体经济、外资经济为越南社会主义建设做贡献，但是与公有制经济相比较，它们只能作为公有制经济的辅助经济形式存在。同时，在关系国计民生的重大领域，如文教、卫生、国防、安全等领域依然由国有企业来承担。最后，受中国特色市场经济发展方式的影响，越南政府在充分给予国有企业自主经营权，充分发挥市场在资源配置中作用的同时，主张国家宏观调控的作用。

二、俄罗斯和越南国有企业改革基本方法比较

俄罗斯和越南的国有企业改革，一个以排斥社会主义经济基础为目标，另一个以维护社会主义经济基础为目标。不同的国有企业改革目标方向，决定了两国国有企业改革的立足点和基本方法有所不同。“总体说来，越南改革的着眼点是转换企业的经营机制，而俄罗斯改革的重点是转变企业的所有权，使其由国有变为私有或民有。”①

俄罗斯国有企业改革的基本方法可以概括为私有化。其实，俄罗斯国有企业私有化改革最早可以追溯到苏联戈尔巴乔夫改革时期。据统计，1986—1990 年，苏联政府先后出台了《个体劳动活动法》《合作社法》《苏联企业法》。这些法案的颁布为国有资产转化为私人资产提供了便利。一方面，《个体劳动活动法》确认了小规模私人经营、家庭承包的合法性；另一方面，国有企业的经理人或是厂长常常借助《合作社法》和《苏联企业法》的庇护，私下里将国有企业的资产转移到企

① 王金存．越南与俄罗斯国有企业改革比较[J]．世界经济，1997(3)：5－9.

业下属的合作社变现或是直接转移到自己亲属的私人公司，从而导致国有资产私有化。值得指出的是，戈尔巴乔夫改革时期出现的国有资产私有化因缺乏法律依据而具有一定的隐蔽性。

俄罗斯真正大张旗鼓地开展国有资产私有化是从叶利钦时代开始的。一般而言，“经济转轨国家私有化的一个特点是，都采取了先易后难的做法，即都从小私有化开始，然后再逐步对大中型国家企业推行私有化”。① 俄罗斯也效仿了这一做法，其国有资产私有化的方式主要包括两种：一种是小私有化，另一种是大私有化。

俄罗斯的小私有化，主要是指通过公开拍卖、租赁以及出售等方式，针对固定资产净值小于等于100万卢布，工作人员小于等于200人（1992年1月1日标准）的工商企业、饮食业、服务业、建筑业企业实施私有化。应该说，俄罗斯小私有化进程进展比较顺利，从1992年实际启动到1993年底，俄罗斯仅用了2年左右的时间就基本完成了小私有化：“实现小私有化的企业已达6万家，占商业、服务业企业的70%，占轻工业、食品和建材企业的54%～56%，占建筑企业的43%，占运输企业的45%。到1994年，俄罗斯零售商品流转额中非国有成分已占85%。”②

俄罗斯的大私有化，主要是指针对固定资产超过5000万卢布或工作人员人数超过1000人的大中型国有企业（1992年1月1日标准）先实施股份制再实施无偿分发和出售转让的分步骤进行的私有化。为此，俄罗斯的大私有化又分为两个阶段，即“证券私有化”阶段和“现金私有化”阶段。“证券私有化”阶段主要是指在1992年7月至1994年6月，俄罗斯政府通过发放私有化证券无偿转让国有资产的阶段。具体发放证券的做法是，从1992年10月1日起，从刚出生的婴儿到年迈的

---

① 陆南泉．苏联经济体制改革史论[M]．北京：人民出版社，2007：694.

② 陆南泉．苏联经济体制改革史论[M]．北京：人民出版社，2007：694.

老人，不分民族、年龄、性别、收入状况、社会地位，每个人都可以获得面值为1万卢布的私有化证券。公民手中的私有化证券可以参与证券拍卖，可以购买证券投资基金会的股票，可以出售，还可以参与私有化证券企业股票的内部认购。据统计，“分给居民的证券，25%流向了证券投资基金；25%的证券被出售；余下的50%的证券被劳动集体的成员作为资金投到自己的企业中去了。在私有化过程中，总共有95%～96%的证券得到了利用”。①

“现金私有化”阶段也叫“货币私有化”阶段，主要是指1994年7月至1996年底，国家依照市场价格出售国有资产的阶段。在这一阶段，私有化企业中的国有股份、土地和不动产是私有化的主要目标。“现金私有化”实施的方法主要包括：“以非公开认购形式向职工出售企业股票；以商业竞争方式出售股票；按投资招标方式出售股票；在拍卖会和交易所出售股票；在专门的拍卖会上出售股票；在拍卖会上出售企业；以商业竞争，其中包括限制参与者人数的方式出售企业；以投资招标的方式出售企业；赎买租赁资产；以特殊优惠的条件把企业卖给合伙企业；出售正常经营、正在清理和已经清理的企业的资产；按特别手续出售未完工的建设项目；以特殊手续出售债务人的企业。”② 截至1996年底，俄罗斯私有化企业占俄罗斯企业总数的比重达到70%，其生产总值占俄罗斯企业生产总值的比重也达到了70%。俄罗斯针对国有资产的“大私有化”阶段基本结束。

进入21世纪以来，普京继续推进俄罗斯国有企业改革。与叶利钦不同的是，普京对待俄罗斯国有企业改革的策略基本可以概括为“大小有别”，即对待非战略性意义的中小型国有企业继续实施私有化改革，而对于那些具有战略性意义的大中型企业则再次实施国有化。当

---

① 丘拜斯．俄罗斯式私有化[M]．乔木森，等，译．北京：新华出版社，2004：113－114．

② 刘美珣，伊万诺维奇．中国与俄罗斯两种改革道路[M]．北京：清华大学出版社，2004：347．

然，“与传统的强制性无偿征收不同，这次的国有化是在经济补偿基础上的资源交易”。[①] 比如，2005 年，俄罗斯通过股票市场的资本运作，成功收回了“天然气工业”公司的控制权。2007 年，普京提出要在船舶、通信、微电子等高新科技领域组建“国家集团公司”。国家集团公司的建立使俄罗斯国有经济的比重一度保持强劲的增长态势。以国有控股企业为例，2004 年，100% 国有控股企业占国有企业的比重仅为 4%，到了 2008 年该比重达到 54%；而国家控股小于 50% 的国有企业，2004 年占国有企业的比重为 81%，2008 年则下降到 39%。[②] 由俄罗斯政府直接和间接控制的企业占俄罗斯经济总量的 45% ~50%，已经远远高于全球 30% 的水平。然而，2008 年的国际金融危机，又将俄罗斯推向了经济危机的深渊。财政赤字、资金短缺使普京不得不计划缩减国家对经济的投入。2010 年 8 月，“俄罗斯副总理兼财政部长库德林在俄政府工作会上确认，俄计划从 2011 年年初起在 3 年内出售石油运输公司、石油公司、储蓄银行、对外贸易银行、农业银行、联合粮食公司等 11 家国有企业股份，3 年总计将筹得 8835 亿卢布资金。如果计划如期进行，俄将正式启动继 20 世纪 90 年代之后的‘新一轮私有化’进程。俄罗斯专家甚至形象地称之为‘私有化 2.0 版’”。[③]

关于越南国有企业改革的基本方法，很多学者将其概括为：市场化、公司化、股份化。所谓的国有企业市场化改革，主要是指废除“官僚包给制”，将国有企业培养成市场经济的主体。具体包括三个方面的内容：首先，企业要依法经营、按章纳税、自主经营、自负盈亏。对于长期亏损、资不抵债的企业要及时依法清理解散。其次，明晰产权，政府对国有企业的所有权和行政管理权要分开行使。明晰产权，主

① 曲文轶．试析俄罗斯经济政策调整的新动向：强化国家对自然垄断的所有权控制[J]．俄罗斯中亚东欧研究，2008(2)：50－56，96.

② 李将军．俄罗斯国有企业改革问题研究及其启示[J]．经济研究导刊，2010(18)：172－174.

③ 关键斌．俄罗斯拟启动新一轮私有化出售 11 家国有企业[N]．中国青年报，2010－08－07.

要是指国有企业全部财产的所有权归国家所有，企业只有使用这些财产的权利，而没有支配和处置这些财产的权利。“政府对国有企业的所有权和行政管理权要分开行使”在越南具体表现为，由中央、地方的各专业部、局来行使政府对国有企业的行政管理权，由中央、地方的国有资金和财产管理局对国有企业行使所有权。最后，建立新的工资制度和社会保障制度。废除平均主义“大锅饭”，实施按劳付酬，多劳多得。企业职工可以自由选择职业，企业也可以根据自身需求解聘职工。同时，“每个职工都有一种社会保险凭证，以此向保险公司支取退休金和报销医疗费”。①

所谓国有企业公司化改革，主要是指将国有企业不同程度联合起来，组建各种形式的总公司。其组建的原则可以概括如下：首先，实行自愿参加原则，但可能会遭到“劝说”等政府行为的干预。其次，总公司及其下属各国有企业均享有独立的法人资格，但下属国有企业需要接受总公司的统筹规划。最后，总公司的资金来源主要由国家投资、下属国有企业上缴、自身积累三部分组成。目前，越南组建的总公司大致可以分为三类：“第一类是国家管理的，由总理决定组建，其总经理由总理任命；第二类是部长管理的，由部长决定报总理批准后成立，其总经理由部长任命；第三类是所谓独立营业总公司，它们既可以是部级决定的，也可是省级决定的，主要是一些小企业联合而成的。由总理直接决定和任命的总公司多半属于‘特殊营业’，其标准是：资金不少于5000亿越南盾；在国民经济发展中占有特殊的地位，如铁路、纺织、通信、服装等。”②

越南国有企业股份化改革同市场化改革和公司化改革相比较应该是

① “中越国有企业改革比较研究”课题组．越南国有企业改革考察报告[J]．世界经济，1996(7):25-31.

② “中越国有企业改革比较研究”课题组．越南国有企业改革考察报告[J]．世界经济，1996(7):25-31.

更高层次的国有企业改革。它主要是指20世纪“90年代初以来越南开始通过参股或发行股票的形式，把由国家掌握的国有企业资产所有权和生产经营领域转变为由多种经济成分掌握的一种企业所有制和经营管理形式的革新，即从单一所有的企业转为股份企业（多所有主企业），同时企业从按国有企业法开展活动转为按企业法对公司股份的规定活动”。[①] 需要强调的是，首先，越南国有企业股份制改革的目标既不是实现私有化，也不是削弱国有经济在国民经济中的主导地位，而是进一步完善企业经营机制，增强企业活力，提高国有经济的质量，使其更好地发挥国民经济的主导作用。这一点与俄罗斯国有企业的股份化改革有着原则性的区别。其次，与俄罗斯国有企业股份化改革相比，越南国有企业股份化改革力度和速度都较缓慢，属于渐进式改革。对于国有企业股份化改革，越南政府还是持比较谨慎的态度。其基本思路是在一些行业、领域精心挑选一些小规模的企业先进行股份化改革的试点，待总结经验时机成熟后再向全国推广。政府谨慎的态度和行政干预，导致越南国有企业股份化改革速度相对缓慢且主要集中在小规模企业。1992—2006年，在越南“已股份化的企业总数中有2600多家企业规模是100亿越南盾以下的（占80%被股份化的企业数量）……有差不多1200家已经股份化的企业是由国家继续掌握50%以上股份。……股份化之后大约有81.5%经理、78%副经理和会计长的职称没有改变”。[②]

① 杜氏秋恒．越南国有企业产权改革研究[D]．长春:吉林大学,2008:82.

② 杜氏秋恒．越南国有企业产权改革研究[D]．长春:吉林大学,2008:78.

第四节　俄罗斯和越南国有企业改革的绩效与未来发展趋势比较

前文我们已经分别探索了俄罗斯和越南国有企业改革的独特轨迹。本节我们将进入一个新的探讨维度，对两国的国有企业改革绩效进行深入对比，并展望其未来发展趋势。此次对比分析，不仅是对过往改革成果的审视，更是对未来改革方向的探寻与预测。通过本节的研究，我们将揭示两国国有企业改革在不同经济体制、文化背景下的异同，以期为全球各经济转轨国家的国有企业改革提供启示。

一、俄罗斯和越南国有企业改革绩效比较

自20世纪90年代初期开始，俄罗斯和越南国有企业改革已经走过了数十年的发展历程，但仍然不能说两国已经圆满完成了国有企业改革。随着两国国内外形势的转换，两国依然在继续深化各自的国有企业改革。因此，本书对两国国有企业改革的绩效仅能做阶段性的评价和比较。总体来说，从国有企业改革的目的来看，两国国有企业数十年的改革已经部分达成了预定目标。从两国国有企业改革产生的社会经济效果来看，越南国有企业改革要好于俄罗斯国有企业改革。

首先，从两国的国有企业改革目标来看，除了彻底废除传统计划经营管理方式，转换企业经营机制的共同经济目标外，俄罗斯和越南国有企业改革还有着各自的政治目标。俄罗斯国有企业改革的政治目标在于"在俄罗斯建成资本主义，并且要在突击性的几年中完成在世界其他地方用了数百年才能完成的那个工作定额"。[①] 而越南国有企业改革的政

① 谭索．叶利钦的西化改革与俄罗斯的社会灾难[M]．北京：社会科学文献出版社，2009：263.

治目的在于发展和完善社会主义经济基础。可以说，通过数十年的国有企业改革，两国基本上实现了各自的国有企业改革目标。第一，两国的国有企业改革基本上废除了遵循计划指令的经营机制，实现了市场经营机制。两国的国有企业不论国有控股比例是多少，基本按照市场机制运行，依法经营、照章纳税、自主经营、自负盈亏、依法破产。值得指出的是，由于两国的国有企业改革方向和基本方法不同，越南的国有企业在按照市场机制运行的过程中，受到的来自国家的干预仍多于俄罗斯的企业。第二，从各自国有企业改革的政治目标来看，俄罗斯通过数十年的国有企业私有化的改革，私有经济已经完全取代了国有经济在国民经济中的主导地位，国有经济虽在一些行业、领域仍然存在，但只能作为私有经济的补充。显然，俄罗斯的国有企业私有化改革已经摧毁了苏联遗留下来的社会主义经济基础，建立起了资本主义制度所需的经济基础，实现了当初改革的政治目标。同样地，越南经过数十年的国有企业改革，其国有企业也焕发出了前所未有的经济活力。通过企业重组、关停并转效益不好的企业，国有企业的经济效益得到了较快提高。“国有企业的产值（从 1991 年到 1995 年）每年增加 13%。1991 年亏损的国有企业占 24.31%，到 1994 年只占 16.5%，盈利的国有企业从 65.3% 增加到 78%。1991 年国有企业的利润比率每年平均是 3.61%，到 1999 年增加为 34.98%，占 50% 以上的出口价值，交纳国家税款占 39.25%。”[①] 以隶属于交通部的越南联合运输公司为例，实施股份制改造后，“试运行了 18 个月，上缴国家税款增加了 50%，股本金增加了 2.8 倍，员工人数由 85 人增加到 240 人”。[②] 国有企业通过改制扭转了长期亏损的局面，并实现了增长，维护了越南国有经济在国民经济中的主导地位。如今的越南已成为继中国之后最璀璨的社会主义明星。

---

① 杜氏秋恒．越南国有企业改革的回眸与前瞻[J]．太平洋学报，2007(12)：63－68.

② 解思明．越南国有企业的股份制改革[J]．东南亚纵横，1997(4)：25－26.

其次，从两国国有企业改革产生的经济效果来看，越南国有企业改革产生的社会经济效果要明显好于俄罗斯。自20世纪90年代初期越南实施国有企业改革以来，其GDP增长率逐年提高。1990—2005年，越南经济以年均7.4%的速率增长。同时，1990—2006年，越南的工业产值一直保持着两位数的增长，而且2006年越南工业产值的增长率更是高达17%，与1990年工业产值相比增长了近8倍，年均增长14.7%。[①] 越南如此快速的增长被很多学者亲切地誉为“越南速度”。与越南相比，俄罗斯自大规模国有企业私有化改革后，整个叶利钦时代的俄罗斯经济状况就一直很糟糕。“从1991年叶利钦在俄罗斯执政算起，到1999年底叶利钦辞职的九年间，俄罗斯的生产总值下降近43%；工业产值下降近54%，即一半以上；农业产值下降近42%。”[②] 无论从GDP下降的速度，还是下降的幅度，抑或是下降持续的时间来看，这一时期的俄罗斯都突破了历史纪录。值得指出的是，直到2000年普京担任总统后，重新调整了国有企业改革的策略，对国内大中小型企业采取了“大小不一”的改革策略，重新掌控俄罗斯的经济局势，叶利钦时代糟糕的经济形势才得到扭转。

至于为什么俄罗斯和越南国有企业改革会造成如此大的反差效应，本书认为，有三方面原因：第一，两国改革设立目标的难易程度不同，俄罗斯国有企业改革不仅要实现转换企业经营机制，还要通过对国有企业实施私有化彻底摧毁社会主义经济基础，建立资本主义经济基础。70余年的计划经济体制，在俄罗斯早已根深蒂固，摧毁它的困难程度绝不亚于重建它，这为俄罗斯国有企业私有化改革进程平添了许多因社会体制变迁出现的烦恼。与俄罗斯相比，越南的国有企业改革是在坚持社会

① 林珏，等.2008世界经济发展报告：全球化、区域经济与世界热点问题[M].上海：上海财经大学出版社，2008：260.

② 谭索.叶利钦的西化改革与俄罗斯的社会灾难[M].北京：社会科学文献出版社，2009：324.

主义制度的前提下，对社会主义经济基础的发展和完善，因而不会出现社会体制变迁带来的冲突，改革的阻力自然小得多。

第二，两国国有企业改革的难易程度不同。从需要改革的国有企业规模上看，俄罗斯国有企业的规模远远超过越南国有企业的规模。俄罗斯国有企业私有化改革不仅涉及大中小型的国有企业，还涉及超大型国有企业的私有化改革。一般而言，国有企业规模越大，其改革面临的问题就会越多。相比之下，越南本身大规模的国有企业数量就不是很多，这些大型国有企业又大多集中在关系国家经济命脉的行业和领域，并不在越南国有企业改革试点的范围内。越南国有企业改革初期大多选取小规模的企业进行试点改革，因此，越南国有企业改革的难易程度要远远低于俄罗斯国有企业改革。从改革的速度和力度上看，俄罗斯希望通过大规模快速地对国有企业实施私有化改革实现建立资本主义经济基础的目标，因而采取了“休克疗法”，仅仅在1996年底就完成了全国70%国有企业的私有化。相比较而言，越南国有企业股份制改革尚处在由试点向全国推广的阶段；同时，越南一直强调国有企业股份制改革不是私有化，不是削弱国有经济在国民经济中的主导地位，而是以增强国有经济在国民经济中主导地位为目的。因此，两国在国有企业改革的速度和力度上存在显著差异。

第三，国有企业改革前10年，两国改革的侧重点不同。叶利钦时代的俄罗斯国有企业改革更多地侧重于砸碎社会主义经济基础，强调的是将国有企业的所有制由公有制变为私有制，而对于如何转变企业经营机制，提高企业经济效益这一问题并不是这一时期俄罗斯国有企业改革的重点。因此，这一时期的国有企业常常出现这样的情况，虽然所有制改变了，但经营机制依然是老样子，没有太多变化。这种换汤不换药的改革方式自然不会创造良好的社会经济效益。相比较而言，越南国有企业改革从一开始就把重点放在了转换企业经营机制上，按照新型市场经营机制运行的企业由于拥有自主经营权，生产工作的积极性得到了极大提高，自然而然效益就会得到提升，从而为社会创造出良好的经济效应。

二、俄罗斯和越南国有企业改革未来趋势比较

国有企业改革是一项复杂的工程，尤其是像俄罗斯和越南这样改革前国内企业几乎全部为国有企业的国家，其国有企业的改革更为复杂，几乎是牵一发而动全身。通过前面的论述，我们知道，经过数十年的改革，俄罗斯和越南的国有企业改革取得了一定的成绩，部分达成了当初改革设定的目标，但同时我们应该看到两国的国有企业改革远远没有接近尾声，还有许多问题等待解决。

就俄罗斯的问题来看，虽然此前俄罗斯国有企业改革取得了一定的成绩，尤其是普京以来的国有企业改革措施使得国民经济趋于稳定。但是，2008 年以美国次贷危机引发的国际金融危机，揭露了俄罗斯国有企业改革过程中存在的问题。比如，俄罗斯企业缺乏国际市场竞争能力、政府对国民经济的布局不够合理、政府与企业之间的关系不稳定等。可以说，这些问题既代表了过去俄罗斯国有企业改革存在的弊端，也引导着俄罗斯未来国有企业改革前进的方向。

同时，我们还应该看到，从叶利钦到普京再到“梅普组合”的新时期，随着国内外局势的不断变化，俄罗斯关于国有企业私有化改革的策略总是在不断地调整，具有一定的波动性。首先，为了尽快摧毁社会主义经济基础，建立资本主义经济基础，叶利钦时代对待国有企业的态度是大规模实施私有化。其次，2000 年以后，为了扭转经济长时间持续恶化的局面和重新掌控国家经济，普京修正了叶利钦大规模实施国有企业私有化的措施，仅对非战略性意义的中小型企业继续实施私有化，而对于已经私有化，具有战略性意义的大中型企业重新实施国有化。最

后，2008 年，由美国次贷危机引发的国际金融危机迅速波及俄罗斯，俄罗斯出现了严重的经济危机，为了减轻国家的经济负担以及增加财政收入，俄罗斯政府于 2010 年公布了未来 3 年将出售 11 家大型国有企业，而这 11 家企业涉及铁路、航空、石油、粮食等重要战略领域。

就越南的问题来看，虽然前期的改革取得了一定的成绩，但存在的问题也不少。具体表现在以下几个方面。首先，国有企业的经济效益虽比以前有所提高，但是总体水平依然较低。在过去的 10 年，越南国有企业、私营企业、外国投资企业每年生产发展的增长速度分别为 11%、14%、20%。由此可见，国有企业的生产发展增长速度远远低于私营企业和外国投资企业。此外，以 2000 年为例，国家资本 1 个越南盾创造税前 0.0095 个越南盾的利润，然而被转为股份公司的国有企业，1 个越南盾创造税前 0.1900 个越南盾利润[①]，两者的利润相差 0.1805 个越南盾。其次，国有企业股份化改革速度比较慢。由于担心国有企业股份化改革会偏离社会主义的方向以及受到其他一些因素的影响，长久以来，越南国有企业股份化改革总体进展缓慢。连越共中央政治局也不得不在 2004 年 10 月召开的会议上承认："重组、改革、发展和提高国有企业效益并未实现既定的目标。"[②] 再次，越南国有企业普遍存在设备陈旧、技术落后的情况，负担过重，它们急需革新。同时，由于连年战争，越南的国民经济基础异常薄弱，长期以来外援或外资是越南经济发展所需资金的重要来源，而国家和企业本身的资金都很匮乏。最后，旧的国有企业运行机制还没有得到彻底的改革，政府的行为在企业经营过程中依然具有一定影响力，国有企业一方面要接受政府的行政指令，另一方面要按照市场机制运营。从这些问题出发，今后越南的国有企业将在如下方面加强改革：首先，从速度和规模上看，要加快国有企业改革

① 杜氏秋恒．越南国有企业改革的回眸与前瞻[J]．太平洋学报，2007(12)：63－68.

② 何胜．越南加快国有企业改革进程[J]．当代世界，2005(4)：38－41.

的步伐，全面推进越南国有企业的改革。其次，从改革的力度和广度上看，要继续深化国有企业的改革，转变企业的经营机制，提升国有企业的竞争能力。同时，合理布局国有资源，避免不必要的国有资源浪费。再次，从政府与国有企业之间的关系上看，要建立健全国有企业的产权制度，在不违背“社会主义定向市场经济”的前提下，进一步放宽政府对国有企业生产经营的干预。最后，从国有企业改革所需的资金来源上看，要积极引进外资，使其成为国有资本的重要补充。

第五章

俄罗斯和越南价格改革比较

传统的计划价格体制一直是社会主义国家计划经济管理体制的重要内容，它的基本特征是各流通阶段的商品价格主要由国家统一制定。因此，由计划经济向市场经济转轨的国家都将价格体制作为改革的重点。作为计划经济向市场经济转轨的国家，俄罗斯和越南也不例外地将价格改革作为经济转轨的重点内容。需要指出的是，两国在价格改革中，虽然有相同的改革对象，却采取了不同的改革方法，从而最终形成了不同的价格管理方式，其产生的社会经济效果也不尽相同。下面，我们将对两国价格改革进行比较。

第一节　俄罗斯和越南实施价格改革背景比较

在探寻经济转轨的奥秘中，价格改革无疑是关键一环。俄罗斯和越南两个社会制度截然不同的国家，在价格改革的道路上却都迈出了坚定的步伐。俄罗斯的价格改革是在苏联解体的历史巨变中应运而生的，力求从计划经济中破茧而出，向市场经济迈进。而越南则在革新开放的浪潮中，通过价格改革激发市场潜能，追求经济的更高效运行。本节将深入比较两国价格改革的初始条件与价格改革经历，剖析它们是如何在不同的经济制度背景下，通过价格改革探索各自的经济转轨之路的。

一、俄罗斯和越南价格体制改革的初始条件比较相似

作为苏联最大的继承国，俄罗斯在经济转轨前长期实行传统的计划

价格体制。越南在经济转轨前实施的也是计划价格体制。需要指出的是，越南的计划价格体制基本上是参照苏联的计划价格体制建立起来的。因此，两国的计划价格体制具有较多相似的特征。具体表现在以下几个方面：第一，产品由国家实行统一定价。经济转轨前，在俄罗斯，从工农产品到劳务费用，从收购价到批发价再到零售价，总之，除了集体农庄市场的商品交易价格实行自由价格外，其余全部价格都由政府实施统一定价。而在越南，由于国家实行严格的“包给制”，工农产品从生产到销售全部由国家统一规划，更有甚者就连农民自家养的家畜、种的蔬菜，出售的价格都需要由国家统一定价。第二，产品价格不能正常反映产品的生产成本。一般而言，国家制定价格往往只考虑供给，而不考虑需求。从而国家制定的工农业产品的价格严重偏离生产成本，国家定价低于产品的生产成本价。高价生产低价卖出导致生产企业常常出现亏损，而为了继续维持正常生产，国家不得不每年拿出大量资金给予补贴。第三，产品价格反映出市场供求关系，从而导致价格在资源配置中丧失了合理导向功能。由于工农业产品的定价偏低，工业和农业的生产积极性不高，国家长期处于“短缺经济”状态。第四，国内外市场价格严重脱节。一般而言，价格改革前同类产品，俄罗斯和越南国内价格要明显低于国际市场价格。以俄罗斯的能源产品价格为例，据统计，价格改革前俄罗斯国内原油、天然气、煤炭价格与国际市场价格的比价分别为1/100、1/12、1/16。①

二、俄罗斯和越南都有多次探索价格改革的经历

就俄罗斯来看，仅苏联时期就进行了三次价格改革的尝试。第一次价格改革发生在 1967 年。1965 年，苏共中央和苏联部长会议在九月全会上通过决议，决定从 1967 年 7 月 1 日开始，实施新的工业品批发价

① 张念瑜．俄罗斯的价格管理与改革[J]．广西市场与价格，1999(7)：8－10.

格。由此开始了苏联价格改革的第一次尝试。此次工业品批发价格改革的主要任务包括："第一项任务是改进利润指标——说明企业和国民经济部门工作效果的总指标的利用状况。显然，这只有在采用经济上有根据的价格的条件下才有可能。第二项任务规定在新价格基础上为一切正常工作的企业经济活动创造条件。第三项任务是积极利用价格作为刺激技术进步、提高产品质量和改进产品品种的方法。这三项任务实际上可以归结为一项任务，即创造一种价格制度，使它适应苏共中央九月全会（1965 年）和我们党第二十三次代表大会所规定的新的经营条件所产生的要求。"① 为此，新的工业品批发价格确定的基本方法为："以各部门平均生产基金赢利率来确定各类产品的价格中的利润额。……在规定统一生产基金赢利率的基础上，具体规定各部门的生产基金赢利率。"②

然而，由于传统的计划价格缺乏灵活性，随着各种经济条件的变化，苏联政府于 1982 年第二次对工业品批发价格做了全面修订。具体包括：第一，广泛采用加价与折扣相结合的制度，即对高新技术产品实施适当的加价，而对技术含量不高的旧产品实施适当的打折；第二，通过调整各部门工业品批发价格，尽量平衡它们之间的利润；第三，使价格能够真实反映工业品的价值。经过这次价格调整，工业品批发价格的总体水平得到提高，同时进一步导致了零售价格的提高。

总体来说，发生在 1967 年和 1982 年的工业品批发价格改革，尽管在提高工业企业利润率方面取得了一些成绩，但因改革并没有超出传统价格体系的范围。尤其是价格管理权限的问题，苏联政府始终没有做出实质性的放权。这个时期价格管理的方式依然是由国家统一制定，实施国家、加盟共和国、地方自治州的分级管理方式。这些决定了这两个阶段的价格改革不会取得实质性的进步。

---

① 陆南泉．苏联经济体制改革史论[M]．北京：人民出版社，2007：322.

② 陆南泉．苏联经济体制改革史论[M]．北京：人民出版社，2007：322.

第三次价格改革发生在戈尔巴乔夫改革期间。戈尔巴乔夫上台伊始就多次强调价格改革的重要性。他认为，“现在许多问题也有赖于价格结构的改革”。[①] 为此，1987 年 6 月，苏共中央和苏联部长会议专门通过了《关于在新的经营机制条件下改革价格形成制度的主要方向》的决议。由此拉开了苏联第三次价格改革的序幕。从苏联先后公布的相关材料来看，此次价格改革将在价格管理体制上有所突破，即在原有国家统一定价基础上，又增加了合同定价和企业自主定价的价格形成方式。同时，稳步推进价格形成方式由以国家统一定价为主、以合同定价和企业自主定价为辅向扩大合同定价和企业自主定价范围转变。然而，由于苏联后期政局动乱，苏联政府迟迟拿不出价格改革的具体措施，最终这次价格改革无疾而终。

就越南来说，其在 1986 年革新开放前也经历了两次调整价格的探索。第一次价格调整开始于 1981 年 5 月，结束于 1982 年底。这次价格调整的范围包括工农产品的批发价格、零售价格以及农产品的收购价格。具体做法为：工农产品的零售价格参照市场价格执行。对于农产品的价格，原南方各省区实施议价收购，而中部地区和北部地区则实施合同价，超出部分的农产品按照议价收购。然而，此举一经推出，就引发了不小的矛盾。一方面，越南长期处于“短缺经济”状态，商品供需不平衡，自实施零售价格放开后，各种商品价格迅速上涨，引发了社会各界的强烈不满。另一方面，价格上涨，商品的供应价与经营价差距不断拉大，加重了财政负担。鉴于这些问题，此次价格调整改革仅维持了一年多就宣告破产了。第二次价格调整发生在 1985 年。总的来说，此次价格调整是为了解决 1981 年价格调整留下的烂摊子被迫开展的。此次价格调整的主要内容可以概括为“三价统一”，即要在短时间内实现国家牌价、指导价

① 陆南泉．苏联经济体制改革史论[M]．北京：人民出版社，2007：559.

格、自由市场价格“三价统一”，以此推动越南的价格体系实现由多元化价格体系向一元化价格体系转变的目标。为了实现“三价统一”，越南政府的具体做法就是大幅提高商品的价格，使国家牌价、指导价格逐步与自由市场价格统一。然而，此次改革实施不久就出现了物价上涨、通货膨胀率不断上升等严重问题。改革实施的三个月内，“通货膨胀就为350%，而改革前年通货膨胀率不到50%。物价以倍数上涨，市场上的大米由每公斤4越南盾提高到10越南盾，猪肉由32越南盾涨到90越南盾”。[①] 由此可见，此次价格调整并没有取得良好的社会经济效应，反而将整个越南经济推向了危机的深渊，形势所迫，此次价格改革被迫终止。

综上所述，俄罗斯和越南在由计划经济向市场经济转轨前，都曾多次试水传统计划价格的改革。我们应该看到，一方面，这些改革始终没有突破传统的计划价格管理体制，仅仅是传统计划价格体制下的小修小补，因而不能从根本上解决传统计划价格体制存在的问题；另一方面，尽管两国在经济转轨前开展了多次价格改革，最终都归于失败，但毕竟为后来的价格改革积累了经验教训，尤其对于越南来说，1981年和1985年的两次价格改革为后来越南成功实施价格改革提供了前车之鉴，它们时刻警醒着越南领导人应该从越南的实际情况出发领导越南实施价格改革。

第二节　俄罗斯和越南价格改革的目标、方法、内容、绩效比较

在深入剖析了俄罗斯和越南价格改革的背景后，接下来要探讨这两个国家价格改革的目标、方法、内容及绩效。价格改革，作为经济转型

① 古小松．社会主义国家价格改革的成功实例：越南既放开价格　又降低了通货膨胀率[J]．东南亚研究，1990(4)：52－58.

的核心环节，其成败直接关系到市场经济的健康发展和国家的经济繁荣。俄罗斯与越南在价格改革的道路上，既展现了共性，也呈现出独特的差异。从目标设定到方法选择，再到改革内容的制定，每一步都考验着政策制定者的智慧与决断。而改革的绩效，更是检验这些决策是否明智、是否符合国情的重要标准。通过对比分析两国的改革实践，我们不仅能洞察其背后的经济逻辑，还能为其他国家提供宝贵的经验借鉴。本节，就让我们一起走进俄罗斯和越南的价格改革世界，探寻它们的改革之道，以及这些改革带来的深远影响。

一、俄罗斯和越南价格改革的目标比较

总体来说，经济转轨以来俄罗斯和越南价格改革虽然都以从根本上改变传统计划价格体制为出发点，但关于“怎样改，改成什么样”，两国从各自的国情出发设立了不同的价格改革目标。具体来说，俄罗斯价格改革是以实现价格自由化为目标的，而越南的价格改革则是以实现“有国家干预的市场价格体制”为目标的。就俄罗斯来看，叶利钦选择实施以价格自由化为目标的价格改革是符合当时国情的。苏联解体后，重新独立的俄罗斯依然面临着困境。一方面，整个国家尚处于“短缺经济”状态，普通民众手中虽持有货币，却无法买到自己需要的商品。国家需要放开价格管理体制，重新恢复价格合理导向资源分配的功能。另一方面，重新独立的俄罗斯选择了激进方式向自由市场经济转轨的道路。而自由市场经济主张价格要充分体现市场的供求关系，显然社会主义计划价格体制不再适应俄罗斯发展的需要。与此同时，“因为得从大量的市场调节方式中选择一种能最大限度满足经济生活的方式，即社会稳定的起码保障。放开价格正是成了这样的一种方式”。[①] 这也是自由

① 萨塔罗夫，等．叶利钦时代[M]．高增训，等，译．北京：东方出版社，2002：211.

市场经济的内在要求。

而就越南的实际情况来看，以建立“由国家干预的市场价格体制”为价格改革目标也是符合越南国情的。一方面，1981 年和 1985 年两次价格调整，尽管最终都失败了，但两次价格改革打破了越南固守传统计划价格体制的思维，解放了思想，让人们意识到通过市场定价会比国家定价更能促进经济的发展。另一方面，越南主张通过渐进方式建设“社会主义定向市场经济”。与俄罗斯市场经济道路相比，“社会主义定向市场经济”更注重国家的宏观调控。

二、俄罗斯和越南价格改革的方式及内容比较

总体来说，俄罗斯在 1992 年实施的价格改革是以价格自由化和市场化为主要内容的，其改革的方式是一次性的大规模全部放开。越南在 1989 年以后实施的价格改革以转换价格机制为主要内容，改革的方式采取以放为主。

就俄罗斯来说，叶利钦上台执政后做的第一件大事就是实施价格自由化改革。1992 年 1 月 2 日，叶利钦总统签署了《放开价格的各项措施》的命令，该命令宣布：“第一，从 1992 年 1 月 2 日起，根据供求关系，基本上实施生产——技术用途产品、日用品、劳动和服务向自由（市场）价格及消费标准转变。国家按自由（市场）价格收购农产品。第二，决定从 1992 年 1 月 2 日起，企业和单位，不论所有制形式如何，除了有限的生产——技术用途产品，基本消费品和劳务的平均价格均采用国家调控价格（收费标准）。”[①] 第三，能源载体依然接受国家定价，但需大幅提价。总之，截至 1992 年 3 月，俄罗斯全面取消面包、牛奶等食品的提价限额后，仅用了 3 个月的时间，就实现了 100% 的食品与

---

① 陆南泉．苏联经济体制改革史论[M]．北京：人民出版社，2007：644.

消费品和大约 80% 的生产资料价格的自由化和市场化。

就越南来说，从 1989 年开始，越南价格改革以转换价格机制为主要内容。以转变粮食收购机制为例，其“实质上是从包揽价格、高价收购低价售出、买卖双方脱节、生产和市场要求相脱节转向经营机制的过程”。[①] 当然，实现转换价格机制的方式采取以放为主。1987 年下半年，越南政府正式展开了对传统计划价格体制的彻底改革。首先，越南政府取消了实施多年的价格双轨制，实行价格单轨制，逐步推动商品价格由国家统一定价向由市场定价转变。截至 1989 年，除了重要战略物资如钢铁、化肥、汽油外，越南包括粮食在内的其他所有商品价格一律放开。其次，取消商品凭票供应制度，减少商品流通的中间环节，实施产销直接挂钩。最后，允许外国商品进入越南市场，缓解国内商品供需矛盾。

综上所述，尽管俄罗斯和越南价格改革实现的方式都以放开价格为主，但是两国放开价格的速度有着较大差距。与俄罗斯相比，越南的价格放开速度要明显慢一些。总体来看，两国价格改革的方式与它们各自向市场经济转轨的方式基本一致。

三、俄罗斯和越南价格改革的绩效比较

从价格形成和价格管理机制转变的角度来看，俄罗斯和越南的价格改革都实现了商品价格由国家统一定价向由市场供求关系定价转变的初衷。但从价格改革引发的社会经济效果来看，越南明显好于俄罗斯。

从俄罗斯来看，一次性到位的价格改革带来的最严重的问题就是通货膨胀。据统计，从 1992 年到 1999 年，俄罗斯的通货膨胀率分别为：2500.0%、840.0%、330.0%、130.0%、21.8%、11.0%、84.4%、

① 陶文集．越南经济 45 年[M]．许志生，等，译．南宁：广西人民出版社，1992：268.

36.5%。严重的通货膨胀给俄罗斯普通民众的生活水平带来了严重影响。笔者的一位俄罗斯朋友曾以自己的亲身经历讲述了俄罗斯价格自由化改革初期通货膨胀引发的物价飞涨。在价格改革前，一辆苏联产的拉达牌轿车售价为7000卢布；在实施价格自由化后，朋友手中的7000卢布甚至连购买拉达牌轿车的一个轮胎都不够。食品价格的快速上涨对普通民众的日常生活水平影响更大。据调查，在圣彼得堡，最低食品组合（总共33种食品）价格由1990年12月的42.9卢布上涨到2000年11月的710.4卢布，使72%的家庭用于购买食品的资金占家庭预算的60%～90%。[①]

与俄罗斯相比，越南的价格改革取得了良好的社会经济效果。与俄罗斯价格自由化引发高通货膨胀率不同，越南的价格改革不但迅速遏制了价格上涨的趋势，而且大大降低了通货膨胀率。越南"1989年月平均物价上涨指数由高峰的1986—1988年的约13%，下降为2.8%。这个数字甚至低于比较平稳的1981—1984年的物价指数。1988年货币流通量增加4.7倍，物价上升4.5倍。而1989年1月至11月货币流通量增加3倍，物价只增加38.6%。如果1989年从使用效率手段的3月算起，货币流通量增加为2.3倍，物价只上升8.4%"。[②] 与此同时，转换粮食收购机制激发了农民生产的积极性，越南由过去的粮食进口国一跃成为仅次于泰国、美国的世界第三大粮食出口国。

① 刘美珣，伊万诺维奇．中国与俄罗斯两种改革道路[M]．北京：清华大学出版社，2004：416.

② 古小松．社会主义国家价格改革的成功实例：越南既放开价格　又降低了通货膨胀率[J]．东南亚研究，1990(4)：52－58.

第六章

俄罗斯和越南的市场化发展与启示

俄罗斯和越南经济转轨已有数十年。在这数十年的经济转轨历程中，一方面，我们应该看到，两个国家的市场经济虽然称不上成熟，但是在政府职能转变、所有制结构调整、对外开放、经济发展总体水平和人民福利水平等方面，都发生了很大的变化；另一方面，我们应该看到，两个国家经济发展面临着一些问题，如贫富分化问题、腐败问题，处理不好这些问题，势必影响两个国家未来的经济发展。此外，中国同俄罗斯和越南一样，同样处于经济转轨的进程中，因此，这两个国家经济转轨的经验教训对中国来说十分有益。本章将从以上三个方面出发，对俄罗斯和越南两个国家的经济转轨以及对中国转轨经济的启示进行阐述。

第一节　俄罗斯和越南经济市场化阶段性考察

对于传统的计划经济体制国家来说，僵化的计划经济体制越来越阻碍本国经济的发展，为了实现经济发展，必须废除传统的计划经济体制。因此，这些国家在由计划经济向市场经济转轨的进程中，面临着两个任务：一是转变经济体制。市场经济体制取代传统的计划经济体制，政府管理经济的方式由直接干预转变为间接干预，从而实现经济活动自由化。二是实现国家经济可持续增长。理论上讲，传统计划经济体制国家的经济发展是通过转变经济体制，解除计划经济体制对经济发展的束缚实现的。但现实中，许多国家经济体制的转变并没有及时地带来国家经济的迅速崛起，反而将国家经济带入深渊。比如，叶利钦时代的俄罗斯。“休克疗法”帮助俄罗斯迅速摆脱了传统计划经济体制的束缚，实现了经济自由化，但让俄罗斯的经济发展一连9年大幅缩水。因此，对于传统计划经济体制国家市场经济建设进展的考察可以从如下两个方面进行：一方面是经济体制的变迁状况，可以反映经济发展的自由程度；另一方面是经济发展状况，也是传统计划经济体制国家发展市场经济的真正目的所在。为了实现对上述两个方面内容的考察，本书将选取政府经济管理职能的转变、所有制结构的调整、对外开放程度、经济发展的总体水平和人民福利水平作为判断两国市场经济建设阶段性进展的标准。

一、政府经济管理职能的转变

总的来说，俄罗斯和越南为了适应本国市场经济的发展，都积极对政府经济管理职能进行了调整，并初步取得了成效。两国政府经济管理职能的演变可以概括为：变依靠行政命令管理经济为依靠宏观经济杠杆管理经济，变直接管理经济为间接干预经济。

就俄罗斯来说，政府职能的转变经历了两个阶段：第一个阶段是叶利钦时代。受到“华盛顿共识”改革方案的影响，俄罗斯积极转变政府职能，变“大政府”为“弱政府”。“弱政府”的实质就是政府自动放弃对社会经济的干预权。而实际上，“转轨并不意味着社会会让自由市场的盲目力量独自主宰其命运。只有当市场完全成熟，没有缺陷并有效地为政策所控制时，它才能完全自由，只要这一点是错误的，即自由市场能最好地为自由社会服务，那么政府就必须干预市场的运作，使之服从于社会的需要”。[①]“弱政府”的实施导致了社会秩序大乱，国家威

① 童伟．俄罗斯政府职能演变下的预算制度改革[J]．东北亚论坛，2008(2)：79－83.

信扫地，经济急剧衰退。第二个阶段是普京时代。普京上台着手的第一件事情就是重塑国家权威，夺回了政府对社会经济的干预权。但与以往苏联政府利用指令性计划方式控制社会经济不同，普京时代的俄罗斯政府是通过制定国家预算制度，充分利用金融杠杆控制社会经济的。此次政府职能的转变产生了积极效果。

就越南来说，为了适应市场经济的发展，政府做出了积极转变职能的姿态。从1986年开始，越共六大提出将国家计划委员会和经济行政管理机关从具体事务性工作中解放出来，以便于更好地集中精力研究各种经济发展战略和计划。此后，1991年的越共七大和2001年的越共九大又进一步明确地将国家计划管理委员会和经济行政机关的职能限定在制定各类经济运行的规则、远景规划、宏观战略上。经过这样一系列的职能调整，越南政府管理经济的职能发生了显著变化，即由“以行政命令为主的管理转变为以经济手段和法律手段为主的管理，从直接调整所有生产活动和经济关系的集中统一计划转为宏观调控”。①

二、所有制结构的调整

一般来说，传统计划经济体制国家因有着长时期计划经济的历史，所有制结构的调整主要分两种方式实现，即“一是对现有国有资产进行重新配置，一部分要涉及私有化的问题；二是对新兴私人企业的准入”。② 俄罗斯和越南自经济转轨以来，纷纷对本国传统的单一公有制结构进行了调整和改造，基本实现了所有制形式由一元化向多元化的发展。但是，两国所有制调整的方向有着本质的区别，即俄罗斯努力打造私有制经济占主导地位多种所有制经济共同发展的所有制形式，而越南

① 崔桂田．越、老、朝、古四国政治体制改革的主张与进展[J]．当代世界社会主义问题，2005(3)：63－72.

② 景维民，孙景宇．经济转型的阶段性演进与评估[M]．北京：经济科学出版社，2008：88.

则从社会主义定向市场经济出发，努力建设以公有制经济为主导的多种所有制经济共同发展的所有制形式。

就俄罗斯的情况来说，苏联解体后，重新独立后的俄罗斯选择了由计划经济向市场经济转轨的道路，显然，原计划经济时期单一的所有制结构已不能适应市场经济发展的需要。为此，1992 年，叶利钦一上任就对单一的公有制经济进行了迅速变革。从 1992 年开始一直到 1996 年，俄罗斯先后通过证券私有化方式和现金私有化方式迅速实现了大中小型国有经济私有化的目标。截至 1996 年底，俄罗斯非国有经济占 GDP 的比重已达到 70% 左右，基本形成了“私营、个体、集体、合资、股份制与国有经济多种经济成分并存的所有制多元化结构”。[①]同时，需要指出的是，在普京的第二任期中，由于政府重新夺回具有国家战略意义的企业控制权，以及实行组建国家集团公司，俄罗斯国有经济的比重得到提升。一些学者也提出了俄罗斯未来可能会走国家资本主义的道路，但 2007 年普京对此给予了明确的回答，他说，国家资本主义“不是我们的选择，也不是我们的道路”。[②]尤其是在 2010 年，为缓解俄罗斯财政紧张的局势，俄罗斯政府又做出了拟在未来 3 年内出售 11 家具有国家战略意义的大型国有企业。由此看来，在未来，俄罗斯将继续长时间保持私有经济占主导地位的国有经济、集体经济、私人经济并存的多元所有制结构。

就越南的问题来看，由于受到历史因素的影响，南方地区经过社会主义改造后社会主义经济基础还没来得及巩固，越南就在 1979 年开始了市场经济试水实验，因此，与俄罗斯相比较，经济转轨前的越南，所有制经济形式中除了国有经济外，还存在着相当规模的个体经济和私人

① 马蔚云．俄罗斯经济转轨十年研究[D]．哈尔滨:黑龙江大学,2001:46.

② Дина Богдашова. Государственного капитализма в России не будет, заявил президент РФ Владимир Путин [EB/OL]. https://rb.ru/article/putin - goskapitalizma - v - rossii - ne - budet/4983447.html.

经济。同时，越南的国有经济还存在一个严重的问题，即规模与产值严重不匹配。1990 年以前，越南同俄罗斯一样拥有庞大的国有经济规模，其国有经济集中了全国 87% 的固定资产和 95% 以上的熟练工人。但与俄罗斯不同的是，如此庞大规模的国有经济创造出的产值却少得可怜。据统计，1986—1990 年，越南国有经济创造的产值和国民收入只占全国总产值和全部国民收入的 33.4%。[①] 1991 年，越共七大召开，大会对统一后国家生产关系的变革做了总结，认为今后越南应该"主张实事求是，遵循社会主义方向的多种经济成分的政策。……各种所有制形式可以混合交织，形成丰富多彩的经营组织"。[②] 但是为了保持社会主义定向，国有经济应该在国民经济中处于主导地位。由此，越南开始了所有制结构的改造。与俄罗斯不同的是，越南所有制结构改造的目的有两个，一个是重新整顿国有经济，不断提升国有经济的产值；另一个是积极推动个体经济和私人经济的发展，使其成为国有经济的有益补充。经过一段时间的所有制结构调整和改造，越南的国有经济比重不降反升，国有经济、个体经济、私有经济都获得了较快的发展。具体来说，1990—1995 年，越南"国有经济部门产值占 GDP 的比重由 32.5% 上升为 42.2%，在工业产值中的比重由 62.9% 上升为 68.4%"。[③]而另有资料显示，1998—2005 年，越南的国有经济、私人经济、外资经济都保持着较高的发展速度，如表 6-1 所示。

表 6-1 1998—2005 年越南各领域经济发展速度 单位：倍

经济领域	较上一年的增长速度（以 1994 年的发展水平为基准）							
	1998 年	1999 年	2000 年	2001 年	2002 年	2003 年	2004 年	2005 年
国有经济	5.6	2.6	7.7	7.4	7.1	7.7	7.8	7.4

① 古小松．越南的经济改革[M]．南宁:广西人民出版社,1992:98.

② 古小松．越南的经济改革[M]．南宁:广西人民出版社,1992:97.

③ 王金存．越南与俄罗斯国有企业改革比较[J]．世界经济,1997(3):5-9.

续表

经济领域	较上一年的增长速度（以1994年的发展水平为基准）							
	1998年	1999年	2000年	2001年	2002年	2003年	2004年	2005年
私人经济	7.9	3.2	9.7	13.4	12.9	10.2	12.3	14.0
外资经济	19.1	17.6	11.4	7.2	7.2	10.5	11.5	13.2

资料来源：B. M. Мазырин，РЕФОРМЫ ПЕРЕХОДНОГО ПЕРИОДА ВО ВЬЕТНАМЕ (1986－2006гг.)：направления，динамика，результаты，м：2007，стр141。

1991—2005年越南各所有制经济占GDP的比重如表6－2所示。

表6－2　1991—2005年越南各所有制经济占GDP的比重　　单位：%

年份	1991	1996	1999	2002	2004	2005
GDP	100.00	100.00	100.00	100.00	100.00	100.00
国家完全控股的经济	31.17	39.93	39.48	38.38	39.10	38.42
国家部分控股的经济	22.16	30.54	30.36	27.20	27.20	…
集体经济	68.93	10.02	8.60	7.99	7.09	6.83
个体经济（家庭经济）		35.23	33.14	31.57	30.19	29.95
私营经济和混合经济		7.40	7.03	8.30	8.49	8.91
外资经济	0	7.39	11.75	13.76	15.13	15.89

资料来源：B. M. Мазырин，РЕФОРМЫ ПЕРЕХОДНОГО ПЕРИОДА ВО ВЬЕТНАМЕ (1986－2006гг.)：направления，динамика，результаты，м：2007，стр153。

由此可见，经过长时间的所有制结构调整，到2005年，越南已形成以国有经济为主导、多种经济共同发展的良好格局。

三、对外开放程度

对外开放是衡量一个国家经济市场化的重要指标。它主要包括两个方面的内容：一方面是指国家主动扩大对外交往；另一方面是指取消或放开各种限制，吸引外资。传统计划经济体制国家都有较长时间计划经济发展的经历，即都有过政府对经济的管理过于严格、国内市场与国际市场脱钩、对外经济交往仅局限于经济互助委员会成员国的经历。因此，我们注意到这些国家在由计划经济向市场经济转轨的进程中，都十分重视国家的对外开放，并常常将其与体制变革放在同等重要的地位。如中国的改革开放、越南的革新开放等。俄罗斯和越南在由计划经济向市场经济转轨的过程中，都十分注重对外开放，且随着经济转轨的不断深入，两国的对外开放程度也不断提升。

就俄罗斯的情况来看，首先，经济转轨后，俄罗斯积极扩大对外交往，推动本国经济融入全球经济。1992 年，俄罗斯加入了世界银行、国际货币基金组织和欧洲复兴开发银行。与此同时，俄罗斯还积极主导独联体国家经济一体化，参与上海合作组织主导的区域经济合作，积极开展同亚太经合组织的合作等。此外，值得指出的是，俄罗斯于 1993 年正式申请加入世界贸易组织，经过漫长谈判，于 2012 年正式成为世界贸易组织成员方。俄罗斯对外开放将进入更加深入的阶段。

其次，俄罗斯十分重视吸引外资，但又不盲目吸引外资。除了为外商来俄罗斯投资提供相关的法律保障以及优惠性、保护性的措施外，俄罗斯还对外资经济做了一系列限制，主要包括以下内容：第一，明确规定外商禁止和限制进入的产业及领域。为此，俄罗斯政府专门出台了《禁止外国投资人投资和活动的产业、经营项目和区域的清单》，其中禁止外商进入的领域包括：国防军工、信息及保密、资源生态情报、卫生防疫、石油、黄金、铜矿产地。限制外商进入的领域主要包括：联邦电网送变电、特种电力设备、河运、海运、空运、铁路运输、医疗、矿产、中小学教科书、生态保护区、国家公园、渔业等。第二，在天然气、电信、航空、资源开发等领域，外商投资将会受到股权比例的限制。例如，“外资在俄罗斯天然气工业股份公司注册资本中的份额不能超过 20%。外资进入电信业不可注册独立的外资公司，只可建立合资公司，且俄罗斯一方必须占 51% 以上的股份”。[①]第三，个别领域的外资企业，在俄罗斯雇

① 高际香．俄罗斯吸引外资政策[EB/OL]．http://www.crc.mofcom.gov.cn/article/expertsform/201710/36120.html.

佣劳动者数量会受到相关限制。如俄罗斯规定，“在外资信贷机构中，俄罗斯雇员的数量不能少于雇员总人数的75%；产品分成项目中，投资者聘用的俄罗斯籍雇员数量应不少于所聘雇员总数的80%等”。[①]

就越南的情况来看，与俄罗斯的对外开放相比较，“越南对外开放的步子大，范围广”[②]。具体表现在以下几个方面：第一，越南不断扩大对外交往的范围，积极主动融入世界。截至2006年，越南与大约160个国家建立了贸易关系，签订了80多个双边贸易协议；同年，越南正式成为世界贸易组织第150位成员国。第二，设立经济特区，吸引外商来越南投资。如2003年，越南在广南省设立了第一个经济特区——茱莱开放经济区。第三，颁布一系列有关外商在越南投资的法律法规，尽可能地维护外商在越南的合法投资利益。“以越南《外资法》为例，允许国外的组织和个人在非常广泛的领域开展投资，而且既可以与当地的国营、集体、私人企业联合，也可以成立独资公司。政府不干预外资企业的经营管理，对这些企业的生产经营，政府不下达任何计划指标。”[③]

四、经济发展的总体水平和人民福利水平

总的来说，经过数十年的经济转轨历程，俄罗斯和越南都取得了初步的社会经济发展成效。首先，从俄罗斯的具体情况来看，俄罗斯在经历了痛苦的“休克疗法”后，直到普京上台执政，其社会经济发展才逐渐走上正轨。当然，不可否认，这期间国际石油价格高涨带来的客观经济效应因素。总之，“到2007年，俄罗斯的国内生产总值达到11356亿美元，位居世界第十位。2006年俄人均工资收入增加了13.4%，

① 高际香．俄罗斯吸引外资政策[EB/OL]．http://www.crc.mofcom.gov.cn/article/expertsform/201710/36120.html.

② 梁宏，等．变革中的越南朝鲜古巴[M]．深圳：海天出版社，2010：298.

③ 孙兆东，张志前．越南“危机”[M]．北京：中国经济出版社，2008：106.

2007 年的增幅高达21%，失业率已降至5.7%。经济得到复苏和发展的同时，普京政府十分重视将经济发展成果及时惠及普通民众。随着经济的增长，俄罗斯联邦政府以及地方政府每年拿出近1/3 的财政收入用于补贴各种惠民工程。据俄罗斯联邦政府统计，如今每年实际用于社会福利的补贴就高达5000 亿卢布。俄罗斯1.44 亿人口中有1.03 亿人口可以享受到苏联时期遗留下来的各种免费服务。比如，免费医疗、免费教育等”。[①] 其次，从越南的实际情况来看，革新开放的数十年，除了遭受1997 年亚洲金融危机影响的几年外，越南的经济一直保持着高速增长的态势，其综合国力和人民生活水平也得到显著提高。整个世界对越南革新开放的成就赞不绝口。例如，有的将越南称为“小金砖”，也有的称越南为亚洲“新小虎”。高盛公司推出的“新钻11 国”将越南纳入其中。2007 年，日本一家研究机构推出的“展望五国”（VISTA）也将越南列入其中。在经济快速发展的同时，越南普通民众的生活水平不断得到改善。“到2003 年，越南国家职工最低月工资增至29 万越南盾。城市失业率为5.78%。2005 年，贫困人口占全国人口的比例降至7%。”[②]

第二节　俄罗斯和越南未来市场经济发展面临的挑战

20 世纪80 年代中后期，俄罗斯与越南先后进入了由计划经济向市场经济转轨的阶段，数十年的经济转轨历程，使俄罗斯和越南两个国家不但告别了传统的中央计划经济时代，而且迎来了各自崭新的市场经济时代。就俄罗斯经济转轨的情况来看，其市场经济发展道路比较坎坷，

① 孟伟，等．演变后的俄罗斯[M]．深圳：海天出版社，2010：336.

② 李叶．越南的革新开放之路[D]．通辽：内蒙古民族大学，2008：20.

而且具有多变性，但这正好反映了俄罗斯在对待经济转轨问题上，逐渐走出了照搬照抄别国经验的误区，开始探索本国市场经济发展道路的心路历程。具体来说，俄罗斯的经济转轨主要经历了戈尔巴乔夫、叶利钦、普京、“梅普组合”四个阶段。在这四个阶段的经济转轨进程中，俄罗斯市场经济发展道路不断得到修正和调整，可以说，今天俄罗斯的混合市场经济模式是通过前几个阶段不断试错实践得来的。总的来说，俄罗斯市场经济发展道路的演变轨迹可以表示为“可调节的市场经济”→“自由主义市场经济”→“混合市场经济”。当然，俄罗斯的经济转轨还在继续向前推进，未来市场经济发展道路，仍旧有可能受到国内外多方因素的综合影响不断得到修正和调整，但是从目前俄罗斯混合市场经济模式带给俄罗斯的社会经济效应来看，普京领导下的俄罗斯似乎已经走出了探索本国市场经济建设道路的阶段，并进入了形成和完善本国市场经济道路的阶段。

与此同时，就越南的情况来看，经历了数十年的经济转轨历程，如今的越南已找到适合本国国情的市场经济发展道路，即社会主义定向的市场经济。只不过，与俄罗斯市场经济道路的形成不同，越南市场经济道路从探索到确立再到形成和完善，整个进程是比较温和的，市场经济发展道路前后衔接得也比较紧密，没有出现类似俄罗斯市场经济发展道路的“急转弯”。综上所述，一方面，我们应该看到，无论两个国家市场经济发展道路经历了怎样的变化，如今两个国家都找到了适合本国国情的市场经济发展道路，并且都已初具规模；另一方面，我们应该看到，两个国家的市场经济发展都仍处于不断完善的阶段，面临着诸多挑战。通过分析和比较，本书认为贫富分化问题与贪污腐败问题是俄罗斯和越南未来经济转轨面临的主要挑战。

一、贫富分化问题

经济转轨数十年来，俄罗斯和越南的社会经济都获得了较快的发展，然而，社会经济发展不仅仅意味着经济实现快速增长，还需要顾及协调发展和可持续性发展。如果经济转轨国家不注重协调好经济增长速度与均衡发展之间的关系，就很容易引发贫富分化问题。在由计划经济向市场经济转轨的进程中，俄罗斯和越南都不同程度地遇到了贫富分化问题，且贫富分化在这两个国家有日益扩大的趋势。如何遏制并减轻本国贫富分化的趋势，关系着未来两个国家社会的稳定和经济的可持续发展，因此是两个国家未来需要攻克的难题。

就俄罗斯的情况来看，“休克疗法”在摧毁社会主义经济基础的同时，导致俄罗斯社会出现了贫富分化现象。因为俄罗斯大规模的私有化仅用了短短几年的时间就催生了俄罗斯的富豪阶层，这些富豪阶层大多为新旧当权者、大中型国有企业负责人。他们只占俄罗斯总人口的1%~2%。在俄罗斯大规模私有化进程中，他们利用职务之便大肆掠夺国有资产，并迅速完成了西方国家需要几十年甚至上百年才能实现的资本积累，成为俄罗斯的资产阶级。相比之下，俄罗斯普通民众却没有从私有化运动中获得任何特殊的经济利益，他们的生活水平非但没有因为私有化得到提高，反而大幅缩水。总之，随着“休克疗法”的实施，俄罗斯社会开始出现贫富分化，并且在此后的经济转轨进程中，贫富分化问题越来越突出，已经成为俄罗斯社会当前的主要矛盾。据相关资料统计，“俄罗斯10%最富有居民的收入与10%最贫困居民的收入的比值，1991年为4.5倍，1992年为8倍，1994年为15.1倍，1999年达到

13.9倍”。[1]

2000年，普京执政后，尽管俄罗斯经济获得了快速发展，但是贫富分化问题依然没有得到有效遏制。10%最富有居民的收入与10%最贫困居民的收入平均差距扩大15倍。2011年4月11日，据俄罗斯媒体报道，俄罗斯最高经济所调查报告显示，俄罗斯经济改革20年来，占人口20%的最低收入者实际收入水平下跌了145%，另有20%的人群收入下跌了120%；同时，占人口20%的高收入阶层，在此期间收入增长了2倍。调查报告还显示，自1988年以来，俄罗斯GDP增加了2.9%；人均GDP增长了6.5%；俄罗斯人均保障性住房增加了40%，达到22平方米，但这一结果跟俄罗斯人口减少有关。由此可见，无论是国家经济持续下滑的叶利钦时代，还是国家经济获得快速增长的普京时代，俄罗斯社会的贫富分化都没有得到有效的遏制。除了上文提到的新旧政权领导人、大中型国有企业负责人利用职务之便盗取国家财产，迅速成长为富豪阶层，大部分人实际收入锐减，产生收入悬殊之外，俄罗斯社会出现贫富分化还有其他原因。对此，俄罗斯学者给予了分析。据俄罗斯经济专家分析，俄罗斯经济改革20年来，在出口方面一直没有摆脱对自然资源的依赖，尤其是石油。在内需方面，由于人口总量的局限，俄罗斯国内消费同样受到制约。在俄罗斯经济结构方面，石油收入并未有效地流入实体经济，形成有效的再投资、再循环，加上消费不振，导致贫富分化差距加大。

值得指出的是，“经济转轨中少数人暴富，多数人受挫，前者成为‘富人’，后者成为‘穷人’——由财富占有结果不同最后导致社会民众的急剧分化，这在俄罗斯格外显著”。[2] 在俄罗斯，富裕群体只占俄

① 赵传君，马蔚云．中俄经济转轨与经济发展比较研究[M]．哈尔滨：黑龙江人民出版社，2007：482.

② 张锐．贫富分化：俄罗斯之痛[EB/OL]．http://finance.sina.com.cn/j/20061221/10093184632.shtml.

罗斯总人口的6%～7%，中间收入群体大约只占俄罗斯总人口的20%，低收入的贫困群体却占到了俄罗斯总人口的60%。这种贫困人口占大头，富裕群体和中间收入群体占小头的社会结构非常不利于社会的和谐。俄罗斯社会的"仇富"现象比较突出。在大多数俄罗斯普通民众眼里，富人手中的财富都是通过不正当手段得来的，以致很多人将俄罗斯的富豪榜戏称为"窃贼榜"。与此同时，富人常因富有成为犯罪分子攻击的对象。据统计，仅2004—2006年，俄罗斯大约有53.7%的富人家庭曾经遭受过抢夺、暴力威胁、敲诈勒索。

就越南的情况来看，在革新开放前，越南是一个相对平均分配的国家。然而，伴随革新开放的全面展开，越南社会逐渐产生了贫富分化的现象，且这一现象正呈现出日益扩大的态势。2003年，世界银行驻越南代表处专家在援越咨询会议的新闻发布会上指出："尽管越南经济增长对贫困人口也有利，但增长是不公平的。最富有人群与最贫困人群之间的消费差距由1993年的4.97倍上升到2002年的6.03倍，若采用最低实际数据，差距要达8.84倍。"① 与此同时，"河内、胡志明市等大城市，九龙江平原各省的收入差距已经达到了绝对的高水平。以人均收入计算，1994年最富裕省份中的贫富差距为25倍，1996年上升为34倍，1999年则高达50倍。……其中，胡志明市最富有的20%人口与最贫困的约20%人口的收入差距是11倍，巴地——头顿省为10.5倍，河内市为9.1倍，平阳省为8.5倍，海防市为7.5倍"。② 2008年2月1日，越南《经济时报》又报道了BBC传媒集团对越南最重要的两个城市——河内市和胡志明市消费人群的调查报告。报道指出，根据BBC的调查报告，"在河内市和胡志明市，有2%的富裕人群购买力最强，

① 世行评：越南贫富差距日益扩大［EB/OL］. 中华人民共和国驻胡志明市总领事馆经济商务室网站，2003-12-01.

② 李慎明. 2007年世界社会主义跟踪研究报告［M］. 北京：社会科学文献出版社，2008：570-577.

为高消费人群；其次，为中等消费人群，每年每户消费为3亿~4亿越南盾（合18750~25000美元），占居民人数的20%~30%；其余为低消费人群”。[①] 也就是说，作为越南最大也是最重要的两个城市——河内市和胡志明市，低收入群体占全市人口总数的60%以上，而中、高收入群体占全市人口总数的比例还不足40%，贫富分化问题比较突出。通过以上几组数据不难发现，处于经济转轨进程中的越南，整个社会正面临着贫富差距日益扩大的难题。与此同时，随着收入差距的不断扩大，越南的基尼系数[②]也快速增长起来。越南1993年、1996年、1999年、2002年的基尼系数分别为0.33、0.36、0.39、0.42。[③] 基尼系数的不断攀升，尤其是2002年的基尼系数超过了0.4的警戒线，从侧面预示着，越南在未来经济转轨进程中将会面临沉重的贫富差距扩大压力。

二、贪污腐败问题

所谓腐败，广义上看，主要是指行为主体为其特殊利益滥用职权或偏离公共职责的权利变异现象；从狭义上看，泛指国家公职人员为谋取特殊的利益而滥用权力的权利蜕变现象。总之，腐败问题的实质在于公共权力的异化。就目前世界各国的情况来看，腐败问题是世界性的难题。对于各国来说，贪污腐败不仅是社会的巨大耻辱，也是经济发展的羁绊。世界银行统计资料显示，世界各国经济腐败问题引发的直接损失大约为800亿美元。处于经济转轨进程中的俄罗斯和越南，在不断获得经济增长的同时，也面临着严重的贪污腐败问题。

---

① 越南贫富差距日益扩大[EB/OL]. 商务部网站,2008-02-04.

② 所谓基尼系数,是如今国际上用来综合考察居民收入分配差异的主要指标,国际上通常把0.4作为贫富差距的一条“警戒线”,而目前贫富差距的日益扩大,正成为许多国家经济发展中面临的一个重要问题。

③ 李慎明. 2007年世界社会主义跟踪研究报告[M]. 北京:社会科学文献出版社,2008:570-577.

就俄罗斯的情况而言，贪污腐败问题非常突出。世界经济论坛《2005—2006年全球竞争力报告》显示，在全球104个国家进行贪污腐败对公司运营影响力的调查中，俄罗斯排名倒数第五，排在其后面的国家则分别是马达加斯加、乌克兰、马其顿和乍得。透明国际①2006年的调查报告显示，从1996年到2006年，俄罗斯的清廉指数排名一直很靠后，是世界最腐败国家之一。俄罗斯《消息报》报道称，2001—2006年，俄罗斯平均每三个人中就会有一个人被迫行贿，行贿的金额在2000～7500卢布不等，俄罗斯人的平均行贿数额达到了5048卢布。与此同时，据俄罗斯专家估计，俄罗斯每年由贪污腐败造成的直接经济损失接近200亿美元，这几乎占据了全世界因贪污腐败引发直接经济损失的1/4。值得指出的是，尽管俄罗斯普通民众对官员贪污腐败行为深恶痛绝，近年来俄罗斯政府也加大了对官员贪污腐败行为的查处力度和处罚力度，如仅2009年，俄罗斯反贪污腐败调查委员会就查处涉腐案件1.2万起，军事检察机关查处军人涉腐案件874起，其中，包括3名将军在内的270人被判刑。但是，就俄罗斯的现实状况而言，贪污腐败问题依然很严重。梅德韦杰夫对此直言不讳地指出，“腐败官员掌控着俄罗斯。他们在俄罗斯拥有真正的权力”。② 综上所述，我们不难推断出，俄罗斯在未来反贪污腐败的道路上，依然任重道远。

就越南的情况而言，贪污腐败的问题也比较严重。“2003年3月至2005年底，越共中央内政部由瑞典政府资助，在3个中央部门以及河内、胡志明市等7个省市，对5400多名官员、公司职员和民众进行了民意调查。结果显示，有32.6%的官员曾经接受过贿赂。”③ 另据“‘透

---

① 透明国际是一个中立的国际组织，由德国人彼得·艾根于1993年创办，总部设在柏林。其每年都要推出世界主要国家全面的腐败评估调查。

② 中国新闻网．俄反腐一年案件越查越多　媒体戏称官员5年全入狱[EB/OL]．https://www.chinanews.com.cn/gj/gj－ywdd/news/2009/11－03/1944272.shtml.

③ 刘芝平，饶国宾．腐败问题给越南带来的危害[J]．国外理论动态，2008(2)：47－50.

明国际'组织公布的有关国家腐败指数，越南在 146 个国家和地区的腐败指数榜上排第 102 位，在 10 分制中得分仅为 2.6 分。2005 年，香港政治和经济风险咨询公司将越南评为排在印度尼西亚和菲律宾之后的'亚洲第三腐败国家'"。① 以上数据都指明越南的贪污腐败现象早已不是个案，而是已经达到了相当严重的程度。长久以来，越南普通民众对官员的贪污腐败行为深恶痛绝，并将其称为"国家的灾难"。越南政府也一直致力于惩治官员的贪污腐败行为。仅 1986—1990 年，越南共产党就因贪污腐败取消了 5 万名越南共产党的党员资格。2001 年，越共九大更是将贪污腐败问题列入越南革新开放面临的"四大危机"。值得强调的是，越南多年来一直致力于反贪污腐败，已经取得了初步成效。2008 年，根据透明国际公布的世界各国贪污腐败排行榜，越南已经由 2007 年的第 123 位降至第 121 位。这个数据一方面说明了越南反腐败取得了可喜的成就，贪污腐败现象的蔓延得到了有效遏制，并出现了好转的趋势；另一方面说明了越南的贪污腐败现象仍然很严重，其在世界贪污腐败排行榜的排序仍然靠后。总的来看，未来越南反贪污腐败的任务仍然很艰巨。

第三节　来自俄罗斯和越南转轨经济的借鉴

众所周知，中国与俄罗斯之间、中国与越南之间都有着密切的关系。首先，三个国家都曾有过相当长时间的计划经济体制经历，且目前又都处于由计划经济向市场经济转轨的进程中。其次，三个国家经济转轨的主要内容都是要摒弃传统的计划经济体制，创建市场经济体制。再次，越南作为"中国方式"的"学生"，虽然比中国引入市场机制晚了

① 李果仁，李菡．越南反腐败的主要做法及其借鉴[J]．上海党史与党建，2009(11)：59-62.

9年，但其步子迈得大，在某些方面的速度甚至超过了中国。最后，俄罗斯虽然选择了与中国不同的经济转轨道路，但由于两国经济转轨的初始条件极为相似，加之俄罗斯在转轨初期走的是激进式道路，许多领域的调整和探索都先于中国，从而为中国提供了前车之鉴。由此，本书认为，俄罗斯和越南经济转轨的经验教训为中国探索由计划经济向市场经济转轨道路提供了借鉴。同时，作为同处于由计划经济向市场经济转轨进程中的中国，也应该认真总结俄罗斯和越南经济转轨的经验教训，以便更好地推动中国的改革开放。

一、坚持走中国特色社会主义市场经济发展道路

首先，毫不动摇地坚持社会主义制度下的经济变革。“计划”和“市场”只是资源配置的手段，而不是社会制度的本质特征。社会主义国家也可以搞市场经济，通过市场调节资源配置，从而实现资源最优配置。同样地，资本主义国家的市场经济中也有“计划”的成分，国家需要通过制定相关的规划引导市场合理进行资源配置。从俄罗斯和越南经济转轨取得的阶段性成果来看，越南坚持在社会主义制度的前提下，由计划经济向市场经济的转轨取得了较好的成效。如在1986—2008年，越南实现了连续23年的经济持续增长，尤其是进入20世纪90年代以后，越南更是实现了经济持续高速增长，平均速度为7%。与此同时，数十年的经济转轨历程，使越南的人均GDP由改革初期不到200美元增长到了2008年的835美元，显然越南已经接近了邓小平同志为小康社会设定的标准。相比之下，俄罗斯过去数十年的经济转轨成果却不那么令人满意。尤其是叶利钦时代的俄罗斯，其经济实力连续9年大步伐后退，使俄罗斯由世界超级大国沦为二流，甚至三流国家。尽管从普京执政开始，俄罗斯的经济得到了迅速恢复和发展，但总体来说，石油经济在其中发挥了巨大的效应，真正由国内经济发展带动的GDP增长点

远远落后于能源出口创汇带动的经济增长点。由此看来，在过去的数十年，由计划经济向市场经济转轨的进程中，俄罗斯的经济发展并没有因为放弃社会主义制度获得跳跃性增长，相反，社会基本制度的更替造成的混乱局面成了阻碍俄罗斯经济社会发展的绊脚石。与此同时，始终坚持“社会主义定向”的越南经济转轨稳扎稳打，取得了显著的经济社会效应。吸取俄罗斯和越南的经验教训，中国在向市场经济转轨的进程中，一定要毫不动摇地坚持在社会主义制度下进行改革和调整。

其次，坚持走本国特色的市场经济道路。对于一个国家的市场经济建设来说，后行国家向先行国家借鉴市场经济建设经验的做法是非常可取的，这是因为，先行国家建设市场经济的经验和教训可以使后行国家少走弯路。但是，借鉴经验不等同于照抄照搬。过去，我们照抄照搬苏联模式进行社会主义建设，走了不少弯路，其教训至今难忘。今天，俄罗斯和越南经济转轨的经验教训再次证明了这一点。以俄罗斯为例，经济转轨初期的俄罗斯不顾本国的实际情况，全盘接受“华盛顿共识”的改革方案，实施“休克疗法”，意图在短时间内将美国式的自由主义市场经济方式全盘复制到俄罗斯来。然而，事与愿违，“休克疗法”一经实施，就将俄罗斯推进了政治、经济双重危机的旋涡中。俄罗斯也因此被迫从幻想中回到了现实，立足本国国情，重新探索适合本国特色的市场经济道路。与俄罗斯照抄照搬西方国家市场经济建设经验不同的是，越南尽管在市场经济建设的进程中也注重吸收和接纳其他国家的经验教训，尤其是向中国学习市场经济改革的经验，但是越南当年并没有选择照抄照搬苏联模式的老路，将中国方式全盘复制到越南，而是在积极向中国学习市场经济改革和建设经验的同时，注重与本国实际情况相结合，形成了颇具本国特色的“社会主义定向市场经济”发展方式。吸取俄罗斯和越南的经验教训，中国在未来经济转轨的进程中，一方面要积极借鉴别国经验，另一方面要更好地坚持走本国特色社会主义市场经济道路。同时，作为老师，在对待学生来讨教市场经济建设经验的时候，中国也不要走苏联的老路，将本国的经济发展方式强加于别国，而是应该本着相互交流的心态，互相学习，取长补短。

最后，要走经济可持续发展的道路。虽然俄罗斯和越南的经济转轨历程已有数十年，但是两国资源消费型的经济增长方式依然没有得到根本性的改观。可观的石油经济效应掩盖了俄罗斯经济增长方式的弊端，从而使俄罗斯经济增长方式的变革一拖再拖。越南缺资金、缺技术、不断上涨的就业压力，决定了其将会在今后相当长的一段时间里，继续大规模吸引外资，继续依靠劳动密集型产业拉动国内经济增长。2008 年，美国次贷危机引发的国际金融危机，导致石油价格下跌，外国资本大量撤离等问题，俄罗斯和越南的经济受到重创，也暴露了俄罗斯和越南经济增长方式的弊端。其实，作为同样拥有前计划经济发展历程的中国，也存在着经济增长方式变革的问题，尽管此次危机带给中国的打击远远小于俄罗斯和越南，而且我们率先走出了危机的影响，实现了经济的增长，但是俄罗斯和越南在此次危机中遭受的苦难给我们敲响了警钟，思则有备，有备无患，我们应该积极推动经济增长方式的变革，寻求经济可持续的发展道路。

二、政治体制改革既不应超前也不应滞后

经济基础决定上层建筑，上层建筑对经济基础具有反作用。也就是说，“随着经济基础的变更，全部庞大的上层建筑也或慢或快地发生变革”。[①] 同时，上层建筑只有不断适应经济基础的要求，才会推动经济基础的发展。由此我们不难推断出，对于传统计划经济体制国家来说，

① 中共中央马克思恩格斯列宁斯大林著作编译局. 马克思恩格斯选集：第 4 卷［M］. 北京：人民出版社，2012：956.

整个国家在由计划经济向市场经济转轨的进程中，随着经济体制改革的推进，政治体制领域也会或慢或快地发生变革。在此需要指出的是，对于经济体制改革而言，政治体制改革超前或者滞后都是不合时宜的。只有政治体制改革与经济体制改革相适应，才有助于经济体制改革的不断深化，反之则会阻碍经济体制改革。同时，单就政治体制改革本身来说，由于可以划分不同的领域，其内部改革的顺序、速度也会影响经济体制改革的有效开展。具体来说，就其改革涉及的领域和内容来说，政治体制改革可以划分为“上端和下端，行政改革主要包括转变职能、政企分开、提高效率、降低成本，最多只算是政治体制改革的下端，而政治改革的上端有四个更关键的要素：宪政体制、政党政治、社会主义民主、社会主义法治。这四个方面更具有决定性意义。如果上端改革不能有秩序地推进，下端改革是没有能力完成某些使命的”。[①] 也就是说，只有宪政体制、政党政治等上端改革才会真正触及政治体制改革的根本。如果上端的政治体制改革不能有序地开展，就会影响下端政治体制改革在某些领域的效用发挥。总之，如何协调好经济体制改革与政治体制改革之间的关系，以及如何协调政治体制变革中的上端改革与下端改革之间的关系，使之能够更好地为经济领域的变革服务，是每个经济转轨国家值得深思的问题。

在由计划经济向市场经济转轨的实际进程中，由于各自经济转轨的策略不同，一部分国家的经济转轨，宪政体制、政党政治、民主、法治等领域的变革先于经济体制改革开展和完成，同时就政治体制改革内部改革的顺序而言，其宪政体制、政党政治、民主、法治等领域变革快行甚至是先行于行政体制改革，如俄罗斯。1991 年 12 月 25 日，苏联解体。伴随着苏联解体，俄罗斯的宪政体制、政党政治等领域似乎在短时

---

① 《2010 党委中心组学习参考》编写组 . 2010 党委中心组学习参考[M]. 北京：中共党史出版社，2010：138.

间内就完成了360度的急转弯。社会主义制度遭到资本主义制度的取代。苏共解散，俄罗斯共产党在俄罗斯独立之初还曾一度被判定为非法政党。从前苏共一党执政的局面也转变为多党轮流执政的局面。社会主义民主和法制也被资本主义民主和法制取代。而俄罗斯的行政体制领域的变革则是宪政体制、政党政治变革之后才大规模展开的。与此同时，俄罗斯大规模经济体制变革是在苏联解体之后，重新独立后的俄罗斯由社会主义制度国家转变为资本主义制度国家后开始的。从某种意义上说，俄罗斯经济体制变革的目的不仅在于促进经济发展，还在于巩固社会制度剧变，为重新确立的资本主义制度建立巩固的资本主义经济基础。

与俄罗斯不同的是，一部分国家选择了行政改革先行，而后逐步推进宪政体制、政党政治、民主、法治等领域改革，同时经济体制改革也先行于宪政体制、政党政治、民主、法治等领域的变革，如越南。1986年革新开放以来，越南共产党和越南政府一直将经济体制变革作为工作的重点，如在价格领域，国有企业领域，对外开放、吸引外资领域开展了积极有效的改革。与此同时，为了配合经济体制领域的变革，越南政府也积极推动行政体制领域的变革，如加快转变政府职能、实施政企分开等。需要指出的是，尽管越南共产党领导人多次提及政治体制改革的重要意义，但是直到2006年越共十大首次提出将“越南共产党领导方式革新”作为大会议题，越南才真正意义上开启了政治体制中的上端改革。在越南对待经济体制变革与政治体制变革的关系问题上，正如越南共产党前总书记阮文灵所说，越南共产党“主张全面和同步的革新，既进行经济革新又进行政治革新。首先必然搞好经济，避免引起政治上的不稳定，不给坏分子钻进来制造混乱条件。同时稳稳当当地逐步进行政治革新”。[①] 由此可见，越南也主张在推动经济体制变革的同时，积极推动政治体制的变革。但与俄罗斯不同的是，越南并不急于推动政治体制变革，尤其是涉及宪政体制、政党政治等上端的政治体制改革。

从俄罗斯和越南政治体制变革引发的实际效果来看，两个国家在处理政治体制变革与经济体制变革之间的关系上，各有利弊。对于俄罗斯的情况而言，一方面，我们应该看到，迅速完成政治体制的变革，为经济发展扫清政治体制上的障碍，有利于今后经济的快速发展。另一方面，我们应该看到，近乎“急转弯”式的政治体制变革也加重了俄罗斯经济转轨的负担，尤其是在俄罗斯经济转轨初期，政治体制领域几乎同时间快速实施变革，使得俄罗斯政治秩序乱作一团。政治局势的不稳定更加剧了经济领域的混乱，并最终导致政府对国家宏观经济形势的失控。而对于越南的情况而言，一方面，我们应该看到，稳步推进政治体制变革，为越南经济转轨初期创造了稳定的政治环境，避免了越南在经济转轨初期遭受到俄罗斯经济转轨初期那样的混乱局面，减轻了越南经济转轨初期因变革付出的代价。同时，强有力的政府为越南经济发展和起飞提供了有力的支持。另一方面，我们应该看到，随着越南经济体制改革的不断深入，仅仅是转变政府职能、实施政企分开、提高企业经济效益等内容的行政体制改革已经越来越不能满足市场经济发展的要求。随着经济体制变革的不断深入，政治体制领域的上端改革迟迟停滞不前，已经使行政体制改革的效用发挥受到限制，进而阻碍了经济体制变革前进的步伐。稳定的政治局势固然重要，但发展才是根本目的。正是在这样的情况下，2006 年的越共十大首次将转变越南共产党领导方式作为大会议题，正式将越南政治体制领域变革由行政体制等下端改革向政党政治等上端改革推进。由此翻开了越南经济革新与政治革新并举的

① 李叶．越南的革新开放之路[D]．通辽：内蒙古民族大学，2008：21.

新篇章。

综上所述，我们不难发现，政治体制变革适应经济体制变革才是一个国家正确的选择。政治体制变革超前，没有相应经济基础的支撑，只会引发不必要的痛苦。而政治体制变革滞后，无法满足经济体制变革的需求，又会阻碍经济体制的发展。因此，政治体制变革超前或滞后都是不合时宜的，只有与经济体制变革相适应，才是正确的选择。中国同俄罗斯、越南一样，同处于由计划经济向市场经济转轨的进程中。改革开放数十年来，随着经济体制变革的不断深入，行政体制领域的变革越来越不能满足经济发展的需求，而且很多行政体制存在的问题，根源都与政党政治、宪政体制、社会主义民主和社会主义法治等改革滞后有关。比如，当前我国地方政府存在拼资源、拼政绩，领导干部为了升迁搞形象工程等不良现象，这些现象表面上看是政府治理问题，实际上根源在于我国目前的官员选拔、考核制度。如果我国不能从变革官员选拔、考核制度层面着手，那么上述这些问题是无法得到根治的。总的来说，数十年的改革开放，已经使我国的市场经济改革不可逆转。就我国目前的情况而言，我们在继续深化经济体制变革的同时，需要政治体制改革的积极配合，否则整个社会将会被严重扭曲。

三、切实让普通民众享受到改革的成果

普通民众作为国家最小的细胞单位，是国家发展的重要推动力，也是推动国家变革的重要力量来源。只有让普通民众切实享受到国家变革带来的实惠，国家变革才会源源不断地获得普通民众的支持，进而不断向前推进。经过数十年的经济转轨实践，俄罗斯和越南的经济发展尽管还存在着这样或那样的问题，但是与传统的计划经济时期相比，两个国家的社会经济获得了长足的进步。需要指出的是，俄罗斯和越南两个国家在获得经济发展的同时，都十分关注民生问题，都注重通过各种途径

让经济转轨的成果惠及大多数人，切实让普通民众享受到改革的成果。

就俄罗斯的情况而言，叶利钦时代的俄罗斯，在对待国家变革与普通民众切身利益关系问题上，通常的做法是安抚民众要忍耐变革引发的阵痛，并向民众许愿，变革的阵痛只是暂时的，未来将会是一个美好的世界。但结果是许下的愿望迟迟得不到兑现，民众生活反而每况愈下。一方面是在职员工的工资拖欠问题、退休人员的养老金拖欠问题，另一方面是少数寡头大肆敛财、奢侈消费问题。这使得普通民众对国家变革逐渐丧失了信心。这也是叶利钦时代俄罗斯政局不稳的一个很重要原因。当然，不可否认的是，叶利钦时代的俄罗斯，是俄罗斯经济转轨进程中“先破后立”中“破”的阶段，所以社会经济发展面临的压力是前所未有的，这也是普通民众迟迟无法享受到变革成果的一个很重要原因。2000 年，普京上台执政，随着国际石油价格的升高和市场经济体制不断完善，俄罗斯经济获得了较快的发展。在经济获得发展的同时，普京一方面严厉惩处金融寡头的犯罪行为；另一方面非常注重改善民生问题，并颁布了一系列措施，力图将改革的成果惠及大多数人。例如，加强对医疗服务的投入、加大对保障性住房的投资和建设、加强对农业领域的投入等。总之，普京时代的俄罗斯总是积极地通过各种途径让普通民众切身体会到改革的成果。普京改善民生的做法，使“普京计划”赢得了俄罗斯普通民众的拥护，普京也因此赢得了俄罗斯民众的赞誉。

就越南的情况而言，越南共产党始终将“人人都能过上富裕自由幸福的生活”作为社会主义的重要特征。因此，革新开放以来，越南在积极推动经济发展的同时，十分注重将革新开放取得的经济成果及时惠及大多数人，让越来越多的民众享受到改革的成果，尽快过上富裕自由幸福的生活。但是，国家始终注重对教育和医疗的投入，尽可能地维持免费教育、免费医疗。同时，越南对国家土地政策进行了修订。新修订的土地政策规定个人可以拥有国家土地的使用权，同时个人还可以对自己拥有使用权的土地进行转让、继承，甚至买卖。在越南，大多数职工、干部都可以分得30~50平方米的土地。很多人在分得的土地上建造几层高的楼房。职工的居住条件也因此得到了极大改善。尽管越南现在还不能算是一个富裕的国家，但是如果将房子和土地使用权累积起来，那么越南普通民众的个人财产价值是比较高的，同时免费医疗、免费教育又无形中降低了普通民众的生活成本。可见，越南一方面努力推动国家经济发展，另一方面注重切实让普通民众及时享受到改革的成果。

参考文献

著作

[1]颜鹏飞．中国社会经济形态大变革:基于马克思和恩格斯的新发展观[M]．北京:经济科学出版社,2009.

[2]顾海良,张雷声．20 世纪国外马克思主义经济思想史[M]．北京:经济科学出版社,2006.

[3]程秀生．社会主义市场经济十万个为什么:市场经济总论[M]．北京:光明日报出版社,1993.

[4]吕炜．经济转轨理论大纲[M]．北京:商务印书馆,2006.

[5]李新．转型经济研究[M]．上海:上海财经大学出版社,2007.

[6]夏春玉,郭连成．东北财经大学 2003 年度科研发展报告[M]．大连:东北财经大学出版社,2004.

[7]卢现祥,朱巧玲．新制度经济学[M]．北京:北京大学出版社,2007.

[8]唐朱昌．从叶利钦到普京:俄罗斯经济转型启示[M]．上海:复旦大学出版社,2007.

[9]陆南泉．苏联经济体制改革史论[M]．北京:人民出版社,2007.

[10]中国苏联东欧史研究会．现代化之路:中国、俄罗斯、东欧国家改革比较[M]．北京:当代世界出版社,2003.

[11]王郦久．俄罗斯从计划经济走向市场经济[M]．武汉:武汉出版社,1994.

[12]苏群．苏联共产党第二十八次代表大会主要文件资料汇编[M]．北京:人民出版社,1991.

[13]谭索．叶利钦的西化改革与俄罗斯的社会灾难[M]．北京:社会科学文献出版社,2009.

[14]娄芳．俄罗斯经济改革透视:从“休克疗法”到“国家发展战略”[M]．上海:上海财经大学出版社,2000.

[15]李中海．普京八年:俄罗斯复兴之路(2000—2008):经济卷[M]．北京:经济管理出版社,2008.

[16]梁宏,等．变革中的越南朝鲜古巴[M]．深圳:海天出版社,2010.

[17]周新城．越南、古巴社会主义现状与前景[M]．合肥:安徽人民出版社,2000.

[18]越南共产党第九次全国代表大会文件[M]．陈氏耀卿,译．北京:世界出版公司,2001.

[19]关海庭．中俄体制转型模式的比较[M]．北京:北京大学出版社,2003.

[20]宫达非．苏联剧变新探[M]．北京:世界知识出版社,1998.

[21]《2010党委中心组学习参考》编写组．2010党委中心组学习参考[M]．北京:中共党史出版社,2010.

[22]陆南泉,姜长斌,徐葵,等．苏联兴亡史论[M]．北京:人民出版社,2004.

[23]越南民主共和国宪法[M]．尔雅,译校．北京:法律出版社,1960.

[24]各国共产主义政党文丛·越南劳动党第三次全国代表大会文件[M]．北京:世界知识出版社,1961.

[25]黄宗良,孔寒冰．世界社会主义史论[M]．北京:北京大学出版社,2004.

[26]国家科委国际科技合作司．苏联当代科技纵览[M]．北京:中国科学技术出版社,1990.

[27]孟伟,等．演变后的俄罗斯[M]．深圳:海天出版社,2010.

[28]李景治,等．社会主义发展历程[M]．沈阳:辽宁人民出版社,2001.

[29]张式谷．二十世纪社会主义的回顾与前瞻[M]．南昌:江西人民出版社,1996.

[30]张剑荆．中国崛起:通向大国之路的中国策[M]．北京:新华出版社,2005.

[31]古小松．越南的经济改革[M]．南宁:广西人民出版社,1992.

[32]王士录．当代越南[M]．成都:四川人民出版社,1992.

[33]天一．中越边贸实用指南[M]．北京:人民日报出版社,1993.

[34]游明谦．当代越南经济社会发展研究[M]．香港:香港社会科学出版社有限公司,2004.

[35]古小松．越南的社会主义[M]．北京:人民出版社,1995.

[36]保建云．国际区域合作的经济学分析:理论模型与经验证据[M]．北京:中国经济出版社,2008.

[37]宋琦．法人社会主义[M]．北京:中共中央党校出版社,2006.

[38]刘美珣,伊万诺维奇．中国与俄罗斯两种改革道路[M]．北京:清华大学出版社,2004.

[39]林珏.2008世界经济发展报告:全球化、区域经济与世界热点问题[M]．上海:上海财经大学出版社,2008.

[40]景维民,孙景宇．经济转型的阶段性演进与评估[M]．北京:经济科学出版社,2008.

[41]孙兆东,张志前.越南"危机"[M].北京:中国经济出版社,2008.

[42]赵传君,马蔚云.中俄经济转轨与经济发展比较研究[M].哈尔滨:黑龙江人民出版社,2007.

[43]布兹加林,拉达耶夫.俄罗斯过渡时期经济学[M].佟刚,译.北京:中国经济出版社,1999.

[44]斯瓦尼热.大国思维:梅德韦杰夫总统访谈录[M].北京:法律出版社,2010.

[45]阿尔巴托夫.苏联政治内幕:知情者的见证[M].北京:新华出版社,1998.

[46]丘拜斯.俄罗斯式私有化[M].乔木森,等,译.北京:新华出版社,2004.

[47]萨塔罗夫,等.叶利钦时代[M].高增训,等,译.北京:东方出版社,2002.

[48]普京.普京文集:文章和讲话选集[M].北京:中国社会科学出版社,2002.

[49]格拉济耶夫.俄罗斯改革的悲剧与出路[M].北京:经济管理出版社,2003.

[50]罗兰.转型与经济学[M].张帆,潘佐红,译.北京:北京大学出版社,2002.

[51]布鲁斯.社会主义的政治与经济[M].何作,译.北京:中国社会科学出版社,1981.

[52]科勒德克.从休克到治疗:后社会主义转轨的政治经济[M].刘晓勇,等,译.上海:上海远东出版社,2000.

[53]琼图洛夫,等.苏联经济史[M].郑彪,等,译.长春:吉林大学出版社,1988.

[54]苏联科学院经济研究所.苏联社会主义经济史:第3卷[M].王

逸琳,等,译. 北京:生活·读书·新知三联书店,1982.

[55]潘克拉托娃. 苏联通史:第3卷[M]. 山东大学翻译组,译. 北京:生活·读书·新知三联书店,1980.

[56]萨姆索诺夫. 苏联简史:第2卷:上册[M]. 北京:生活·读书·新知三联书店,1976.

[57]陶文集. 越南经济45年(1945—1990)[M]. 许志生,等,译. 南宁:广西人民出版社,1992.

[58]白石昌也. 越南政治、经济制度研究[M]. 毕世鸿,译. 昆明:云南大学出版社,2006.

[59]列宁. 列宁全集:第13卷[M]. 北京:人民出版社,2017.

[60]列宁. 列宁全集:第17卷[M]. 北京:人民出版社,2017.

[61]中共中央马克思恩格斯列宁斯大林著作编译局. 斯大林全集:第12卷[M]. 北京:人民出版社,1955.

[62]中共中央马克思恩格斯列宁斯大林著作编译局. 斯大林全集:第7卷[M]. 北京:人民出版社,1958.

[63]中共中央马克思恩格斯列宁斯大林著作编译局. 斯大林全集:第11卷[M]. 北京:人民出版社,1955.

[64]中共中央马克思恩格斯列宁斯大林著作编译局. 马克思恩格斯选集:第1卷[M]. 北京:人民出版社,2012.

[65]中共中央马克思恩格斯列宁斯大林著作编译局. 马克思恩格斯选集:第2卷[M]. 北京:人民出版社,2012.

期刊

[1]剧锦文. 世界经济大转轨中的转轨经济学[N]. 经济学消息报,1997-01-30.

[2]戴园晨. 转轨经济和经济转轨[J]. 财贸经济,1998(6).

[3]景维民,黄秋菊. 转型经济学的学科定位与展望[J]. 东岳论丛,

2010(3).

[4]张丽. 经济转轨的历史性内涵:转轨经济的国际政治经济学解读[J]. 社会科学辑刊,2009(6).

[5]王曙光. 转轨经济的路径选择:渐进式变迁与激进主义[J]. 马克思主义与现实,2002(6).

[6] 林彰云. 苏联的公有制经济模式及其演变[J]. 消费导刊,2007(1).

[7] 魏新龙. 俄罗斯经济转型与演变分析[J]. 理论界,2007(3).

[8]李新,沈志义. 普京时期俄罗斯经济政策的调整[J]. 上海财经大学学报(哲学社会科学版),2007(4).

[9]秦宣仁,韩立华. 普京发展经济的新思路[J]. 国际石油经济,2004(10).

[10]韩学工,刘龙. 俄罗斯的实力有多强[J]. 世界知识,2007(18).

[11]许新. 普京新任的治国经济纲领:评普京总统2004年国情咨文[J]. 经济研究参考,2004(78).

[12]冯玉军. 展示的不仅是肌肉[J]. 世界知识,2007(18).

[13]古小松. 越南1979—1986年的新经济政策与同步改革[J]. 东南亚纵横,1990(3).

[14]张训常. 前越共总书记阮文灵的改革思想[J]. 世界经济与政治,1998(10).

[15]古小松. 越共六大后的越南经济改革[J]. 东南亚纵横,1990(4).

[16]王理云. 越共"七大"后的政策走向[J]. 国际展望,1991(14).

[17]刘世亮,唐元. 越共"八大"后越南政治经济和外交走向浅析[J]. 国际展望,1996(14).

[18]杨然. 越共"八大"以来改革开放的新动向[J]. 东南亚纵横,

1997(4).

[19]古小松. 越共九大报告提前曝光:越共九大政治报告(草案)的主要内容[J]. 东南亚纵横,2000(10).

[20]范宏贵. 以革新为主题的越共"九大"[J]. 当代世界社会主义问题,2001(3).

[21]马勇. 越共"九大"以来越南革新开放的新进展[J]. 学术探索,2003(11).

[22]黄海敏. 越共十大开启革新开放新时期[J]. 瞭望新闻周刊,2006(19).

[23]李家忠. 越共十大和越南的革新开放[J]. 马克思主义研究,2006(6).

[24]2011—2020年经济社会发展战略主要内容以及2011年核心任务[N]. 越共电子报,2011-01-04.

[25]杨立冰. 越共的"一大"至"四大"[J]. 东南亚纵横,1982(2).

[26]陆南泉. 前苏联经济增长方式评述[J]. 经济学动态,1995(11).

[27]李守明. 浅析越南面临的人口问题[J]. 印度支那,1985(3).

[28]张雪. 苏越经贸关系三十年[J]. 东南亚纵横,1985(4).

[29]黄云静. 全国统一后越南政府消除南北发展差异的措施及其效果[J]. 南洋问题研究,2010(1).

[30]王金存. 越南与俄罗斯国有企业改革比较[J]. 世界经济,1997(3).

[31]曲文轶. 试析俄罗斯经济政策调整的新动向:强化国家对自然垄断的所有权控制[J]. 俄罗斯中亚东欧研究,2008(2).

[32]李将军. 俄罗斯国有企业改革问题研究及其启示[J]. 经济研究导刊,2010(18).

[33]关键斌. 俄罗斯拟启动新一轮私有化出售11家国有企业[N].

中国青年报,2010－08－07.

[34]“中越国有企业改革比较研究”课题组．越南国有企业改革考察报告[J]．世界经济,1996(7).

[35]解思明．越南国有企业的股份制改革[J]．东南亚纵横,1997(4).

[36]何胜．越南加快国有企业改革进程[J]．当代世界,2005(4).

[37]古小松．社会主义国家价格改革的成功实例:越南既放开价格又降低了通货膨胀率[J]．东南亚研究,1990(4).

[38]张念瑜．俄罗斯价格管理与改革[J]．广西市场与价格,1999(7).

[39]童伟．俄罗斯政府职能演变下的预算制度改革[J]．东北亚论坛,2008(2).

[40]崔桂田．越、老、朝、古四国政治体制改革的主张与进展[J]．当代世界社会主义问题,2005(3).

[41]谷源洋．越南经济发展的主要成就、问题和新的政策措施[J]．世界社会主义研究动态,2007(16).

[42]刘芝平,饶国宾．腐败问题给越南带来的危害[J]．国外理论动态论文,2008(2).

[43]李叶．越南的革新开放之路[D]．通辽:内蒙古民族大学,2008.

[44]刘燕．革新开放以来越南所有制结构变动研究[D]．昆明:云南师范大学,2003.

[45]马蔚云．俄罗斯经济转轨十年研究[D]．哈尔滨:黑龙江大学,2001.

[46]杜氏秋恒．越南国有企业产权改革研究[D]．长春:吉林大学,2008.

俄文文献

[1] Бессонов В О. Изряднова. Структурные сдвиги в российской экономике: сравнительный анализ динамики основных показатёлей [M]. Москва:Издательский дом ДЕЛО,2015.

[2] МАУ В. Посткоммунистическая россия в постиндустриальном мире: проблемы догоняющго развития[J]. Вопросы экономики,2002,(7).

[3] Алексеевич Я Г . Социально – экономическая система россии и проблема её модернизации[D]. Москва:РАН,2005.

[4] Абалкин Л И. Логика экономического роста [M]. Москва: участок оперативной печати ИЭ РАН, 2002.

[5] Абалкин Л И. Экономическая стратегия для России:проблема выбора[M]. Москва: участок оперативной печати ИЭ РАН, 1997.

[6] Глазьев С. Об антикризисной стратегии России[J]. Российский экономический журнал,2009(6).

[7] Рустамов Э. Принципыэволюционноймодернизации переходных экономик[J]. Вопросы экономики, 2009(7).

[8] ЯкобсонЛ И. Смена моделей российского третьего сектора: фаза импортозамещения[J]. Общественные науки и современность, 2009(4).

[9] Клепач А С. Смирнов С. Пухов Д. Ибрагимова. Экономический рост России: амбиции и реальные перспективы[J]. Вопросы экономики, 2002(8).

[10] Нестеренко А. Переходный период закончился. Что дальше? [J]. Вопросы экономики,2000(6).

[11] Полтерович В М. Институциональные ловушки и экономические

реформы［J］. Социальные и гуманитарные науки: Отечественная и зарубежная литература. Сер.2, Экономика: Реферативный журнал, 1999 (4).

［12］Мазырин В М. Реформы переходного периодаво Вьетнаме (1986 – 2006гг.): направления, динамика, результаты［M］. Москва: Ключ – С, 2007.

［13］Владимир Путин. Россия на рубеже тысячелетий［N/OL］. Независимаягазета, 1999 – 12 – 30. http://www. ng. ru/politics/1999 – 12 – 30/4_millenium. html.

［14］Послание Президента Российской Федерации от 03. 04. 2001г. б/н［EB/OL］. http://www. kremlin. ru/acts/bank/36350.

［15］Послание Президента Российской Федерации от 18. 04. 2002 г. б/н［EB/OL］. http://www. kremlin. ru/acts/bank/36351.

［16］Послание Президента Российской Федерации от 10. 05. 2006 г. б/н［EB/OL］.［2024 – 03 – 24］. http://www. kremlin. ru/acts/bank/23819.

［17］Послание Президента Российской Федерации от 08. 07. 2000 г. б/н［EB/OL］. http://www. kremlin. ru/acts/bank/22401.

［18］Дина Богдашова. Государственного капитализма в России не будет, заявил президент РФ Владимир Путин［EB/OL］. https://rb. ru/article/putin – goskapitalizma – v – rossii – ne – budet/4983447. html.

俄罗斯及越南网站

［1］《俄罗斯真理报》, http://www. pravda. ru/。

［2］《俄罗斯独立报》, http://www. ng. ru/。

［3］《社会科学报》, http://www. poisknews. ru/。

［4］《俄罗斯消息报》, http://www. izvestia. ru/。

[5]《共青团真理报》,http://www.kp.ru/。

[6]《论据与事实》杂志在线,http://spb.aif.ru/。

[7]《经济问题》杂志在线,http://vopreco.ru/rus/fresh.html#sr1/。

[8] 越南共产党官方网站,http://www.cpv.org.vn/。

后　记

在深入研究和比较俄罗斯与越南 1985—2010 年的转轨经济形态之后，我深感这两个国家在转型过程中面临的挑战与机遇的复杂性和多样性。俄罗斯作为原苏联的主要继承者，其转轨经济之路充满了波折。在苏联解体初期，俄罗斯面临着政治、经济和社会三重转型的巨大压力。从计划经济到市场经济的转变，不仅仅是经济体制的调整，更是整个社会结构和价值观念的转变。在这个过程中，俄罗斯虽经历了剧烈的社会动荡和经济下滑，但展现了强大的适应能力和创新精神。俄罗斯的转轨经济形态，可以说是痛苦与希望并存，挑战与机遇同在。与此同时，越南的转轨经济形态则展现了不同的特点和路径。越南在保持政治稳定的前提下，逐步推进经济体制改革，实现了从计划经济向市场经济的平稳过渡。越南在转型过程中，注重发挥政府的引导作用，同时积极吸引外资，推动经济结构的优化和升级。越南的转轨经济形态，可以说是稳健与务实并存，改革与发展共进。

通过对俄罗斯和越南转轨经济形态的比较研究，我们可以看到，两个国家在转型过程中都有着各自的痛点和难点。俄罗斯以大胆的改革和创新精神，推动了经济的快速转型和发展；而越南则以稳健的改革策略和务实的发展理念，实现了经济的平稳过渡和持续增长。然而，我们必须认识到，转轨经济形态的研究并不仅仅是对过去历史的回顾和总结，更是对未来发展的预测和展望。在未来的发展中，俄罗斯和越南都将面临新的机遇与挑战。俄罗斯需要继续深化经济体制改革，加强创新驱动，实现经济的可持续发展；而越南则需要进一步开放市场，提高经济竞争力，推动经济的高质量发展。

总的来说，本书不仅仅是对两个国家转轨经济形态的深入剖析和比较，更是对未来发展的思考和展望。希望通过本书的研究和讨论，能够为我们提供更多的启示和思考，推动转轨经济形态的研究和发展不断向前。与此同时，俄罗斯和越南的转轨经济依然处于进行时，又呈现出了许多新的变化，值得继续深入追踪研究。但是受到新冠疫情和俄乌冲突等诸多因素的影响，追踪俄罗斯和越南转轨经济形态的工作受到了一定程度的影响。关于2010年以后两国转轨经济形态的研究将在后续研究成果中体现。

本书的出版得到了中南财经政法大学马克思主义学院和中国经济出版社的支持，责任编辑贺静、张利影为本书的出版做了非常认真的文字修改工作，让我受益良多。真心感谢她们的帮助和付出！

何　萍

2025 年 1 月 6 日